Kurt Lanthaler

**Der Nörgg, das Purzinigele
und die Nichte der Nixe**

KURT LANTHALER

Der Nörgg, das Purzinigele und die Nichte der Nixe

SAGEN AUS SÜDTIROL

Mit Illustrationen von Gino Alberti und einem
Nachwort von Brunamaria Dal Lago Veneri

Folio Verlag Wien – Bozen

Alda mo l corf, quĕ chanta
Cras, cras, doman, doman
Hör den Raben, der singt
Kras, Kras, morgen, morgen

Aus der Altonschen Sammlung

La vecchiaia l'è na brutta bestia
ma 'n ghe nè anca altre, de bestie
E ogni tant ne sboccia 'n fior
Das Alter ist eine häßliche Bestie
aber es gibt auch andere, an Bestien
Und ab und an sprießt eine Blüte

Aus meiner Sammlung,
aus dem Delta des Deltas des Po

INHALTSVERZEICHNIS

- 7 Vom Nörgg auf Ötsch
- 13 Die Partschinsa Purzinigelen
- 17 Der Drache von Muntatschinig (und das seltsame Schicksal des Sagensammlers)
- 25 Der Schreier vom Schleierbach
- 31 Sterben und Leben auf Labiseben
- 35 Der Lorgg auf Wilder Fahrt
- 41 L mat e l porcel. Der Verrückte und das Schwein
- 45 Die Kellnerin, der Malider Goggl, und die Wette ums halbe Weinfaß
- 51 Die Nixe vom Karersee
- 55 Die Pest am Ritten
- 61 Mezzaselva, mitten im Wald. Und der Moarhund
- 65 Von den Salvans, und von der Aguana
- 69 Auf Castelfeder
- 73 Vom Schgumser Putz auf Tarnell
- 79 Das knocherne Eßmöbel von Völs
- 83 Der Felsnegger auf Gspell ober Rabenstein
- 87 Die Kegelpartie der Pitscheförter Riesen
- 93 Der Brennergeist
- 97 Von den Schnabelmenschen
- 103 Der Scheintote von Maderneid
- 107 Die Klaamandeln und das Wetter über Mauls und Trens

- 111 Die Wechselwiesen von Flaas
- 115 Vom ćiastel dles stries zu den 'Meriche, und retour
- 121 Die Nichte der Nixe
- 127 Die Pest in Tagusens und auf Untertschutsch
- 131 Der Hatzes auf Hinterthal
- 135 Von der Fai und der Jaufenburg
- 141 Allerhand Antrische
- 145 Der Ölprinz
- 149 Die Ritter auf Matsch
- 155 Das Almkoat
- 159 Der Todtenthomas und seine Fahrt durchs Martell
- 163 Die grüne Nixe vom Grünsee (zuhinterst)
- 167 Vom Lagrein für Laurein
- 173 Kegelspiele. Und Stratioten in Mareo

- 179 Was von Sagen zu sagen (An Stelle eines Essays)
- 184 Nachwort
- 186 Index, nach Gegenden
- 187 Index, nach Schlagworten

VOM NÖRGG
AUF ÖTSCH

Zwischen dem Passeirer Wanns und dem Sarntaler Pens, unweit des Jochüberganges, lag am Fuße des Gipfels der Ötsch und vor langen Zeiten, wo heut nur Steinlammern, eine schöne Alm. Die Ötscher Alm. Eine der schönsten weitum. Die höchstgelegene allemal. Und es war ein fröhliches und unbeschwertes Leben, hier *auf Ötsch*, wie man die Gegend nannte, und der blaue Himmel lachte überm Kar.

(So sagt man. Aber es war harte Arbeit auch. Das sagt man nicht. Und es wetterte, am liebsten von der Jaufenspitz her. Und himmlatzte.)

Wer hier lebte, war trittsicher, und redete nicht viel. Auf jeden Fall nicht den ganzen Tag. Zumal in den Zeiten, von denen hier die Red ist, der Talmensch im Tal blieb, in seinen Sümpfen mit ihrem verpesteten Hauch. Und den Almmenschen allein ließ. Und also glücklich. Allerdings lebte der nicht allein, auf Ötsch.

Denn es lebte auf Ötsch auch der Nörgg, und zwar anders als der Almmensch jahrein, jahraus, auch des Winters. Das konnte der Nörgg sich locker leisten, weil mit dem Nörgg auch die Harmelen auf

Ötsch wohnten. Worunter man heutzutage Hermeline verstehen würde. Und so, ans weichwarme Bauchfell dieser Harmelen geschmiegt, in seinen Klaftern und Spalten und Höhlen auf Ötsch, überwinterte der Nörgg die strengsten Winterstürme, und Eis und Frost. Bei sonnigem Wetter aber gingen der Nörgg und die Harmelen über die endlosen Schneefelder spazieren, und rutschten lachend die Wächten ab. Man hätte, hätt man sich in diese Winterlandschaft vorgetraut, als Mensch, die Nörgge, denn es waren ihrer mehrere, weitum sehen und lachen hören können im Sonnenschnee. Die Nörgge waren nämlich stockrabenschwarz. Schwärzer noch als die Nörgg von Rabenstein. Die Harmelen aber hätt man nicht gesehen. Die verschwanden im Schnee, sie waren hermelinweiß allüberall, bis auf ihre leicht roten Lippen und die eisblauen, lachenden Augen.

Dann ging der Winter vorbei, und der Almmensch kam auf Ötsch zurück, und man lebte wieder zusammen, der Almmensch, der Nörgg und die Harmelen, wie die Sommer zuvor seit jeher. Der Almmensch almte, der Nörgg trieb Unsinn und Spaßletten, und die Harmelen sahen dem Treiben zu, mit etwas Abstand, nebeneinander aufgereiht, ziemlich possierlich.

Es brachte der Nörgg nämlich Wachstum und Gedeihen auf Ötsch, aber auch seinen Eigensinn, und eine gewisse, gern auch polternde Unernsthaftigkeit. Der Almmensch aber hatte, über die Zeit, gelernt, damit zu leben. Immerhin fand er auch sein Auskommen damit. Und die Harmelen sahen dem Treiben zu, und erwarteten sich Abend für Abend eine Schale Milch, hinterm Geißenstall.

Wär nicht, eines Tages, eine der Almfrauen türschlagend aus Ötsch ausgezogen, hinunter ins Tal, weils genug ist, wie sie dem Wendl sagte, weil der Wendl übern Winter mirnixdirnix sowie *wollten*, was Psairisch ist und *ziemlich* heißt, und also: ziemlich bequem geworden war, der Wendl, und seither ein jedes zweite Mal das Melken verschlief. Und wie die Filomena nun weg gewesen, wurde der Wendl ziemlich wirsch. Auch mit dem Nörgg. Der wieder einmal auf dem Rücken der Berta saß, einer zweijährigen Grauen, während der Wendl grad daneben die Bruna am Melken war. Und weil der Wendl am Einnicken, auf jeden Fall ganz schön weit an die Kuh sich vornübergelehnt hatte mit seinem Kopf, hustete der Nörgg ein paarmal scharf.

Da sprang der Wendl, erschrocken vom Wachwerden, vom Melkschemel auf, und sagte, in breitem Psairisch: »Nörggele, gea miar lai ou, du Nörggele, sou.«

Da aber wurde der Nörgg vom ein aufs andre fuchsteufelswild, wie man ihn noch nie gesehen, und sprang von Kuh zu Kuh, brachte alles in Aufruhr, schmiß die Mistgabel durch die Gegend und den Mistwagen um, gab der Milchkanne einen Tritt und rief wildteufelsfuchs:

> Wendl, grupftsgrausigs Hendl
> Du mi Nörggele heißen
> ich di Zeh hinein beißen
> Ich bin der Nörgg
> du bist ein Zwörg
> Nehm die Harmelen mit
> tu die Alm dir verschütt

Und drehte sich um, der Nörgg, und ging, und stieß im Gehen noch einen kurzen Pfiff aus. Daraufhin tauchten aus Klaftern und Spalten weitere Nörgge auf, im Gelände, und neben jedem Nörgg ein Harmele, und ganz in Weiß. Und daraufhin sah man, wie sie paarweise, neben jedem Nörgg ein Harmele, die Alm auf Ötsch verließen. Ein stummer Auszug.

Der Wannser Bauer aber, ein großer und stolzer Bauer, draußen, wo das Wannsertal breit und flach wird, war sich sicher, es gäbe gar keine Harmelen. Dann hätt ich, sagte er, in seinem Wirtshaus, das er zur Bauernschaft und neben der Kapelle auch noch hatte, dann hätt ich längst einen Hermelinmantel, meinerwegen auch ganz in Weiß. Aber dann mit blutrotem Kragen.

Woraufhin die Harmelen, zusammen mit den Nörggen, bei ihrem Auszug um den Wannserbauer einen ordentlichen Bogen machten. Und der Wannserbauer in der Folge ins Nichts verarmte. Und der Wannserbach, zuvor ein klares Gewässer, nur mehr trübes Geschiebe führte vom nunmehr vermurten Ötsch herunter.

DIE PARTSCHINSA
PURZINIGELEN

Vor sehr langer Zeit, kurze Zeit, nachdem die Erde noch *öd und leer* gewesen war und also תהו ובהו, *tohu wabohu* (was im übrigen Buber/Rosenzweig sehr viel treffender mit *Irrsal und Wirrsal* übersetzen, den alten Luther verbessernd; – der noch einige Verbesserungen mehr vertragen hätte, wie man an seinen heutigen Nachkommenschaften unschwer ablesen kann. Aber das tut hier nichts zur Sache –),

... vor sehr, sehr langer Zeit also, kurze Zeit, nachdem die Erde noch »wüst und leer« gewesen war, wohnte auf dem, was heut der Partschinser Sonnenberg genannt wird und bis vor kurzem wie präpandemisch noch extensiv touristisch zum Zwecke aller möglichen Bespaßungen beworben, also Wellness und Fitness und Gutess,

... vor sehr, sehr langer Zeit wohnte auf diesem steilen, der südlichen Sonne freundlichst zugewandten Berghang eine inzwischen längst sagenumwobene Spezies: die Purzinigelen. Und was auch immer wir heute uns davon erzählen, und wie auch immer wir sie in Kinderliedern (Weihnachtsliedern gar) hineinverniedlichen, es waren, die Purzinigelen, eine hochkultivierte Zivilisation.

Wenn auch, zugegebenermaßen, von sehr kleinem Wuchs. Was ihnen bei ihrem Hauptgeschäft, dem Graben nach Silber, allerdings prächtig zupaß kam. Mußten sie die Stollen nicht allzugroß aus dem Granitgneis des Partschinser Sonnenberges hauen. Denn das Silber versteckte sich im Berge. Und ließ sich nur finden, wenn man freundlicher und sangesfröhlicher Natur war, wie die Purzinigelen, und intelligent und dem Leben zugewandt, sowie am Tauschwert des Silbers nicht im geringsten interessiert. All das traf auf die Purzinigelen zu, und sie freuten sich, am Feierabend in der tiefstehenden Sonne am Partschinser Berg sitzend, am Widerglanz des gewonnenen Silbers. Aßen aus Silbertellern und schliefen auf Silberkissen. Standen morgens nicht allzufrüh auf, und machten sich gemächlich auf den Weg in die Silberstollen. In deren Dunkelheit sie ein paar Stunden verbrachten. Um dann wieder ans Tageslicht zu kommen, und, nach einem Bade in einem Gebirgsbach, den sie zu diesem Zwecke mit Steinen, Ästen und Moos zu einem Swimmingpool etwas angestaut, sich im frischen Gebirgsgras in die Sonne zu legen und etwas auszuruhen. Danach vertrieben sie sich die Zeit mit Hand- und Kopfständen und Rollen vor- und rückwärts. Das half ihren Silberstollenrücken auf die Sprünge.

Und so vergingen die Tage, und so vergingen die Zeiten.

Bis die Purzinigelen eines Tages, wieder einmal im Grase ruhend, feststellten, zu ihrem Erstaunen, daß im Tal weit unten, unter ihnen, in dem Tal, das bis vor kurzem ein einziger Sumpf voller übler Luft, und also *mal aria* war, daß sich dorten etwas tat. Sie wollten es erst nicht glauben. Mußte sie die Sonne und das Silber zu stark geblendet haben, zumal ihre von der Silberstollendunkelheit geschwächten Augen.

Doch da, Tage später, wieder. Woche drauf, auch. Im Tal unten, an dessen Rande, auf einem kleinen Hügel, schienen sich Wesen anzusiedeln. Und hantierten gar mit Feuer. Und bauten sich wacklige Laubhütten.

Alsbald aber gingen über diese Wesen im Tale unten Geschichten um unter den Purzinigelen, und sie sagten sich: Sage, sag mal, was glaubst du?

»Ich glaub schonmal gar nichts, *pàr tschínsa, pàr tschínsa*«, sagte das Altpurzinigele, nochmal einen Kopf kleiner als die anderen Purzinigelen, da inzwischen etwas vornübergebeugt, Altersskoliose, »und außerdem sollte es uns egal sein. Was da unten in diesem Drecksloch sich tut.«

Das aber war ein Irrtum gewesen. Denn eines Tages kam ein Talbewohner den Berg hoch. Tage später kamen mehr von ihnen den Berg hoch. Und sie streiften durchs Gelände, unsicher auf ihren Beinen ob der Steilheit. Aber sie kamen immer wieder. Schauten hinter jeden Stein, grasten alles ab.

So daß die Purzinigelen, nachdem sie Rat gehalten, eines Nachts alles zerstörten, was sie aufgebaut hatten, ihre Silberteller und Silberkissen in die

Stollen zurückbrachten, und die Stollen auf immer verschlossen. Ihre Wohnplätze dem Erdboden gleichmachten und das Bad im Bach. Woraufhin sich eine wahre Sturzflut zu Tale wälzte.

In derselben Nacht noch machten sich die Purzinigelen auf den Weg, den Sonnenberg entlang am Kamm, am Ortnott vorbei und am Madratsch, und ließen sich erst am Plantavilas, hoch oben über Schluderns, wieder nieder. Da war dann ein paar hundert Jahr lang wieder Ruhe.

Schließlich aber verschwanden sie ganz. Von dort, wo heutzutage die Spezies der Mauntenbaiker Jagd auf Fußgänger macht.

> Später dann, als das Wissen über die wirklichen Purzinigelen längst verschütt wie ihre Silberstollen, später dann haben sich aus dem Wort *Purzinigele* Wörter herausgebildet, die, wenn nicht wir, so zumindest unsere Vorgänger, noch kannten. Im *Adelung* (Grammatisch-Kritisches Wörterbuch der Hochdeutschen Mundart. Ausgabe letzter Hand, Leipzig 1793–1801) findet sich also zum Beispiel *Purzel* für *kleines, täppisches Kind*. Im *Deutschen Wörterbuch der Gebrüder Grimm* (Leipzig 1833–1961) lesen wir: *wenn ich (hanswurst) meinen purzelbaum machen kann, was ficht die politik mich an?* Und im *Duden* steht schließlich *Nigel* für *kleiner, widerspenstiger Kerl*.

Und so ist allen Recht und Genüge getan.

DER DRACHE VON MUNTATSCHINIG (UND DAS SELTSAME SCHICKSAL DES SAGENSAMMLERS)

Oben über Schluderns, am Eingang des Matscher Tales, zwischen Muntatschinig und Kartatsch, wohnte ein Drache. Lebte sein meist gemächliches Leben und war respektiert in der Gegend. Gefürchtet aber waren die Matscher Raubritter. Mit denen der Drache sich allerdings im Waffenstillstand befand. Was die schlaueren Schludernser wiederum das *Gleichgewicht des Schreckens* nannten.

Zurück zum Drachen. Der war, verglichen mit anderen Kollegen seiner Zunft, zum Beispiel dem badiotischen vom Sas dla Crusc, also dem Kreuzkofel, eigentlich ein recht genügsamer wie freundlicher. Zweimal im Jahr ein Ochs und zwischendurch ein paar Schafe oder Ziegen (Ziegen eher weniger gern, wegen des gewissen *haut goût* derselben, das allen ernstzunehmenden Köchen gewisse Zusatzkenntnisse abverlangt), wenn also seine menschliche Umgebung dem Drachen von Muntatschinig den

halbjährlichen Ochsen sowie das halbe Dutzend Schafziegen, auf das man sich, sozusagen per Handschlag, als Menüplan geeinigt, zukommen ließ, und das alles in vernünftig zeitlichem Abstand, und nicht alles auf ein Mal, was in der ersten Zeit seiner Anwesenheit am Berg über Schluderns oben einmal vorgekommen war und den Muntatschiniger Drachen vor erhebliche organisatorische wie kühltechnische Probleme gestellt hatte, sowie zu einer Magenverstimmung, und also in der Folge verständlicherweise zu einer Allgemeinverstimmung geführt hatte – sobald also diese anfänglichen Probleme ausgeräumt gewesen waren, war es relativ friedlich geworden in der Gegend. Bis auf die Matscher. Und, wie gesagt, verglichen mit seinem Kollegen vom Sas dla Crusc.

Dem, sagten die Badioten, regelmäßig nach Jungfern- wie Knabenfleisch war; der, sagte der Drache vom Sas dla Crusc, durchaus mit Ziegen oder Altkühen zufrieden gewesen wär, an einen Ochs hätte er sich nicht einmal zu denken gewagt, weil nämlich, und da lag die Krux für den Drachen vom Sas dla Crusc und das Kreuz für den Kreuzkofeldrachen: weil nämlich die Badioten schon gehabt hätten, zumal einige von ihnen reiche Bauern, aber eben ... nicht geben ... wollten.

Den Obervinschgern um Schluderns, Muntatschinig und Kartatsch herum und bis nach Liachtawerg und Söles hinüber auf der anderen Talseite aber war das gleichgültig. Sie hielten sich ihren

Drachen gut, und sie wollten ihn sich behalten. Besser der, als so einer wie der andere. Noch besser natürlich gar keiner, weil ein Ochs und sechs Ziegenschaf im Jahr, das ist schon ein ordentlicher Zehent. Andererseits bot der Drache von Muntatschinig, zumindest indirekt, einen gewissen Schutz vor den Raubzügen gewisser Matscher Ritter. Die sich nämlich bei Nacht nicht mehr recht auf den Weg ihr Tal hinaus trauten. Und bei Tag waren Raubzüge eben deutlich weniger erfolgreich. (Zumindest in jenen Zeiten.)

Das hätte noch ewig so weitergehen können, also sozusagen bis in unsere Zeiten, wenn nicht eines Tages ein sehr neugieriger Studierter, also einer, der behauptete, er sei ein Studierter, aus dem nun wirklich fernen Bautzen oder Botzen oder wie die Ansiedlung seiner Meinung nach heißen sollte, in der, immer seiner Behauptung nach, mehrere hundert Leute lebten, und zwar ganz ohne Drachen, dafür aber mit einem Bürgermeister, was nun alles geradezu ins Märchenhafte geriet, und ihm also von keinem Obervinschger abgenommen noch für bare Münze, nachdem er aber eine solcherne, nämlich bare Münze, auf den Tisch des Wirtshauses gelegt, konnte man ihm seinen Wunsch, nach erstens einem Stück Braten (es gab stattdessen Schwarzplentnen Riebel), zweitens einem Schluck Wein (es gab stattdessen Leps) und zuallerletzt, drittens, einen Blick auf den ebenso wohlberühmten wie sagenhaften Drachen von Muntatschinig –

konnte man ihm nicht abschlagen, der Münze wegen.

Der Abend wurde noch lang. Der gelahrige Botzner hatte eine weitere Münze auf den Tisch gelegt und an seinen Tisch hinzugebeten, also fand sich diesmal tatsächlich Wein statt des Lepses, und so saß man zusammen und trank, und um weiter zusammensitzen und trinken zu können, ließen sich die Schludernser auch die ein oder andere Red des Gelahrigen aus Botzen gefallen. Der anfing zu erzählen von der eigenartigen Sumpfgegend nördlich von Botzen, wo Wein wachse und Mais und Maulbeerbäume und Seide. Und weiter sprach er, immer lauter ausholend, während Wein nachgeschenkt wurde:

> Die Seidenzucht gibt indeß überall fröhliche Anzeichen und wälscher Fleiß weiß die Cocons zu zeitigen, und den Miasmen der Luft mehr zu widerstehen als dem deutschen Worte, das sie in der Regel nach zwei Menschenaltern ganz germanisirt hat. Lose Sagen und Mährlein flattern und hüpfen auf diesem Gebiete wie die regellos pfeifenden Sumpf- und Schilfvögel mit ihren bunten Schwingen, von Nachtwandlern ohne Kopf, von Riesen, die Steine aus den Schluchten schleudern, von kugelartigen Ungethümen, die sich den Fuhrleuten zur Nachtzeit in den Weg legen, und vom giftigen Athem fürchterlicher Drachen. Es lohnt wohl der Mühe, sie zu sammeln, wenn auch nur zu beweisen, wie eigenthümlich der Volksgeist

dichtet beim edelsten Wein in fieberhafter Luft. ***

Dann war aber auch gut, nach solch wirrem Gerede des Gelahrigen, und es war spät und also verabredete man sich auf den allerfrühesten Morgen. Um den Muntatschiniger Drachen aufzusuchen. Und ihm, außer der Reihe und vom Botzner bezahlt, ein Schaf zu bringen.

Die ersten paar Minuten oben beim Drachen von Muntatschinig vergingen noch wie gehabt. Der Drache besah sich das Schaf, das ihm da abgelegt worden war. Nickte mit dem Kopf. Und wollte, wie immer, sich schon wieder zurückziehen, und die Obervinschger auch, da trat der Botzner Gelahrige vor und dachte, er müsse den Drachen ansprechen.

Der aber erzürnte sich fürchterlich, daraufhin, und spie, was man seit ewigen Zeiten bei ihm nicht mehr gesehen, meterlanges Feuer und fauchte und schlug den gepanzerten Schwanz auf den Felsen, daß die Funken stiebten. Und dann sagte er: »Du hast heut nacht laut genug geredet, beim Wein, du Nichtsnutziger von da ganz unten irgendwo. Wird sein, daß ihr da einen Würgemeister habt (der Drache war nicht mehr der Jüngste und hatte es etwas am Gehör), aber deswegen hab ich noch lang keinen

---

*** in: Beda Weber. Die Stadt Bozen und ihre Umgebungen. Eberle'sche Buchhandlung, Bozen 1849

giftigen Atem. Und nun: Hinweg mit dir.« Und nochmal Fauch.

Da rannte der Gelahrige halsüberkopf den Berg hinunter. Und ward nicht mehr gesehn. Der Muntatschiniger Drache aber zwinkerte den Schludernsern zu.

Seither gibt es einmal jährlich just an diesem Tag ein Extraschaf. Das sich der Muntatschiniger Drache und die Obervinschger friedlich teilen.

DER SCHREIER VOM SCHLEIERBACH

Wer einmal, in jungen wie in alten Zeiten, das Pflerer Tal von vorne bis nach hinten durchschritten und dabei mit seinen Bewohnern gesprochen, wird erfahren haben: Es teilt sich das Pflerer Tal in Außer- und in Innerpflersch. Und zwar ziemlich rabiat.

Dermaßen, daß ein Außerpflerer nicht ohne guten Grund nach Innerpflersch: nie. Und ein Innerpflerer selbst nicht mit gutem Grund nach Außerpflersch: außer er müßt in die ferne Stadt hinaus. Dann aber beeilt sich der Innerpflerer in Außerpflersch und hält die Augen fest geschlossen. An der Gossensasser Brücke schließlich öffnet er sie wieder, und sieht sich das Malheur an seinem Reiseuntersatz an. Und umgekehrt.

Weswegen auch der Innerpflerer meist in Innerpflersch, der Außerpflerer meist in Außerpflersch verbleibt.

Deshalb auch ist der Schleierbach, der das Tal in Außer und Inner teilt, wie das glühröte Messer den Butter, seit jeher eine Gegend, in der ein Genosse sich umtreibt, den alle, Inner wie Außer, den *Schreier* nennen. Man sagt, er gehe am Schleierbach um, der

Schreier, seit, vor hunderten von Jahren – zu einer Zeit, als es noch kein Außer und kein Inner, sondern nur ein einziges Pflersch gegeben –, in diesem Pflersch, und zwar außen wie innen, allerreichste Bergwerksvorkommen sich gefunden, und die Gegend also, nach viel Graben und Hauen, zu einigem Wohlstand gekommen. Damit aber, mit dem Silbervorkommen, sei es auch, wenn auch nicht gleich vom ersten Tage an, so doch alsbald, zu Streitereien gekommen im Pflerer Tal, und alsbald zur Scheidung in Inner- und Außerpflersch. Und dabei war es die nächsten hunderte von Jahren geblieben, selbst als der Bergwerksreichtum sich wieder verzogen, als ob ins Innere des Gebirgs retour. Als ob beleidigt.

Und geblieben war der Schleierbach. Und geblieben auch der Schreier vom Schleierbach.

Die Innerpflerer sagten, er sei ein Riese, dieser Schreier. Die Außerpflerer beschrieben ihn als einen Zwerg. An manchen Tagen. An andren Tagen ging sie umverkehrt, die Rede vom Schreier.

Der Schreier hauste seit jeher, seit er also zusammen mit dem Silber im Tale aufgetaucht war, am Schleierbach. Wenn der Bach hoch ging, und das tat er oft, hing sein Wasser neblig wie ein Schleier über Bachbett und Brücke.

Der Schreier saß tagsüber im Schleier des Baches, machte sich nichts daraus, daß er auf und auf naß war, summte vor sich hin und wartete die Dämmerung ab. Nachts dann ging er mal nach draußen ins Tal, mal nach drinnen ins Tal, und tat dabei nichts lieber, als mit seinem markdurchdringend gespenstischen Geschrei des Weges kommende Pflerer zu erschrecken. Das war sein Vergnügen. Und außer für die zu Tod Erschreckten war es ein harmloses.

Wer aber des Nachts im Pflerer Tal unterwegs war, mußte recht gute Gründe dafür haben. Wie zum Beispiel ein, zwei, drei Viertel Rot im Wirtshaus. Oder sonstige Untaten. Weil der Schreier aber nicht katholisch war, konnte er, trotz seiner Abstinenz, es auch dem Pfarrer nicht recht machen. Außerdem führte der Innerpflerer Pfarrer selbst auch ein Wirtshaus. Direkt an der Kirch in Innerpflersch. Vor und nach der Messe. Während der Messe ermahnte er seine Schafe. Und wetterte gegen den Schreier.

Weshalb der Schreier gern, wenn von der Kellerei St. Pauls wieder ein Holzfaß *Missianer* Rot geliefert wurde, an der Brücke über den Schleierbach auf den Ochsenkarren sprang und sich am Spundloch des Fasses zu schaffen machte. Die Innerpflerer sagten, er hätte was herausgesoffen. Die Außerpflerer, er hätte was hineingeschifft. Der Pfarrer sagte, die Paulser nähmen es nicht mehr so genau, mit den unreif fuchseten *Weimern*, den noch halbgrünen Trauben, deshalb der Wein dann auch ein *Sauremus*. Und daß er zur Girlaner Kellerei wechseln würde. Bis er deren Preise hörte. Nach drei Tagen spätestens aber hatten sich die Innerpflerer den Wein schöngetrunken, und der Disput hörte auf. Daraufhin kümmerte sich der Schreier um die Weinlieferungen der Außerpflerer.

Es war aber ein junges Mädchen eines Tages, weil es ihr zu viel geworden war mit den Männern im Tal, innen wie außen, allein am Schleierbach talaus unterwegs. Und sang vor sich hin. Da erhob sich ein Wind, leis. Verblies allen Nebel. Woraufhin sie auflachte, und sagte: Weg isser, der Schleier vom Schleierbach. Und da hörte sie, durchaus nicht unschön, und gar nicht laut, ein Singen. Vom Schleierbach her.

> Varkehrt harum
> Ummedumm ummedumm
> Varum dakehrt
> Olledumm olledumm
> Mi grosz, ti kluan
> Zaubastuan, Zaubastuan
> Mi pitschl, ti Gitschl
> Nixfaluan, nixfaluan ***

*** *(Versuch einer annähernden Übertragung)*
Verkehrt herum
Rundherum, rundherum
Weswegen verdreht
Alle dumm, alle dumm
Ich groß, du klein
Zauberstein, Zauberstein
Ich klein, du Mädchen
(Du hast hier) Nichts verloren, nichts verloren

Sehr schön, sagte das Mädchen, und lachte.

Und seit diesem Tag war der Schreier vom Schleierbach verschwunden. Und blieb verschwunden bis an den Rest der Tage. Das Mädchen fand sich an einem sonnigen Strand wieder. Ansonsten aber änderte sich nichts. Auch nicht am Wein.

STERBEN UND LEBEN AUF LABISEBEN

Es ist wirklich eine schöne Gegend. Wenn auch stellenweise steil. Und manchenorts sehr steil. So steil, daß es selbst den Kühen und den Hirten zu viel wurde. Das ging dann nicht immer gut aus. Einerseits. Andererseits. Das Wasser war gut, das Gras war gut. Und die Milch und der Käse in der Folge eben auch. Es ließ sich leben, auf Labiseben.

Und die Sommer auf Labiseben oben, zumal wenn die Sonne schien, waren lang. Obwohl der Winter länger.

Aber den verbrachte man eh im Vals unten draußen. Und schnitzte sich neue Zähne für die Heurechen, hinterm Ofen.

An Sonnentagen war die Labisebener Alm ein freundlicher Flecken Erde, der seine Leute ernährte und darüber hinaus noch den ein und anderen Vorzug bot. Granten und Schwarzbeeren, Parasol und Steinpilze, Zinnkraut und Zirmschnaps. Es ließ sich leben, auf Labiseben.

An Wettertagen wars übler. Es wetterte nämlich ordentlich, auf Labiseben, wenn es wetterte. Und es wettert, sagen die Übelmeinenden, eben recht gern, auf Labiseben.

Jetzt muß man wissen, daß bei heranziehenden Gewittern die Kühe zur Alm zurückzutreiben wären, zumal von den steilen Hängen. Was aber jeder Junghirte auch weiß, ist, daß dieses Kuhvieh recht ungern, erst recht wenn es naß ist, bergab geht. Lieber immer schön den Hang entlang, seitaus; und mit leichter Tendenz nach oben, allein höhenlinig. So kommt man aber, zumal wenn man den ganzen lieben langen Tag über sich den Hang hinaufgefressen, beim besten Willen nicht mehr hinunter und zurück, zur Alm. Also mußten die Junghirten die Kühe eher rabiat treiben. Sonst wär das nichts geworden, nicht vor den großen Blitzschlägen und dem Donnerkrachen.

Einem der unglücklichen Junghirten aber wollte eines Tages, es zog ein ganz unheiliges Wetter auf, und es roch schon förmlich nach Schwefel und Ärger, dem unglücklichen Junghirten wollte gar nichts gelingen in Sachen *Herde zurück auf sichere Alm*. Wie sehr er sich auch bemühte, im Kreis sprang, schrie und fluchte und mit seinem Stecken um sich schlug, das Viehzeug war nicht in die richtige Richtung zu bewegen. Und die Blitzeinschläge kamen immer näher. Und die Kühe flohen. Allerdings in die falsche Richtung. Direkt auf einen Abgrund zu. Und stürzten im Dutzend über die Felsen und in den Tod. Der Junghirte machtlos. Und dann auch abgestürzt, er selbst.

Seither erzählt man sich die Geschichte, er hätte das mit Absicht getan, der Junghirte, das Vieh in den Tod zu treiben, und ginge seither, zur Strafe, als Geist um in den Felsen über Labiseben. Und ziehe ein Wetter auf, wieder einmal, höre man ihn schon jammern. Und weinen. Und sein Schicksal verfluchen.

Die nachgewachsenen Junghirten aber beeilen sich seither doppelt, wenn Wetter aufzieht. Im Zweifelsfalle schon vorher. (Sag mal, wozu Sagen gut sind.)

DER LORGG AUF WILDER FAHRT

Vom Lorgg wird viel erzählt. Vom Lorgg wird noch mehr spintisiert. Dem Lorgg, kann man annehmen, ist das aber ziemlich schetzko.

Eine solcherne Sprache spricht er nämlich, der Lorgg. Wenn er denn spricht. Wobei *spintisieren* sowas wie »eigenartigen, wunderlichen, abwegigen Gedanken nachgehen« heißt, und *schetzko* vollständig *všecko jedno* lauten sollte, was dann tschechisch wäre. Und dieses Tschechisch wiederum könnte man sich solchermaßen erklären, daß nämlich der Lorgg, der mindestens schon seit fünfhundert Jahren in der Gegend haust, in modernen Zeiten, also zu Zeiten des damals *Der Große Krieg*, heute *Der Erste Weltkrieg* genannten Großschlachthofs, auf kakanische Soldaten getroffen, die massenweise wie mirnixdirnix in seine Gegend abkommandiert wurden, welch letztere ansonsten eigentlich eine eher ruhige, die Gegend. Ausundvorbei.

(Eines Tages traf der Lorgg, in Gestalt des Oberstleutnants des Landsturmes Robert Musil, gar auf einen in Trafoi stationierten Jungschriftsteller. Ernüchtert ließ er von ihm ab. Und hat seither nie mehr davon geredet. Der Schriftsteller nichts geschrieben, davon. Als ob, die beiden, einander dann doch, allesamt etwas unheimlich.)

Vom Lorgg wird viel erzählt. Er sei, sagt man, regelmäßig auf Wilde Fahrt gegangen. Und zwar, weiter hinaus ins Tal ging er nie, von Stilfserbrücke aus direkt eine kerzengerade Abkürzung steil nach Stilfs hinauf, dort einmal um Kirch und Friedhof herum, mit einem Gesause und Gebrause, daß denjenigen Stilsern, die gottesfürchtig, ganz angst und bang geworden; da aber die meisten Stilser eher nicht von der gottesfürchtigen Sorte, sondern eher Stilser, fuhr der Lorgg den Talhang hinan einwärts, daß die Baumwipfel nur so rauschten, und die Nachtkäuze lauschten, über Gomagoi dann drehte der Lorgg eine Ehrenrunde, was häufiger dazu führte, daß im Wirtshaus die Lichter gelöscht und unterm Tisch weitergetrunken wurde, und weiter ging es, der Lorgg umrundete den Piz Costainas, alles um die 3000 Höhenmeter war für den Lorgg grad mal eine kleine Atemübung, und schon: schon ging es im Sturzflug hinab Richtung Trafoi.

Die Trafoier aber kannten das. Jedesmal, wenn der Lorgg sich die 1500 Höhenmeter vom Berg auf ihr Bergdorf herabstürzte, ohne ein einziges Mal zu bremsen, nicht einmal einen Stemmschwung legte er ein, immer dann war davon auszugehen, daß der Lorgg grad zu Späßen aufgelegt war. Und mit denen war nicht zu spaßen. Mit ihm schon gar nicht. Also blieb man flüsternd hinterm Ofen sitzen und wartete ab.

Der Lorgg aber spiralte direkt überm Kirchturm ab, daß sein Fahrtwind die Glocken zum Schlagen brachte, dann zog er eine letzte, steile Kurve und landete, recht elegant, direkt auf dem Friedhof. Schließlich nahm er, wie immer, wenn er gerade nicht in Lüften war, seinen Kopf vom Hals, und mit seinem Kopf seinen dreieckigen Hut, nahm Kopf und Hut unter seinen linken Arm, und wollte sich gerade auf den Fußweg zur Trafoier Eiswand, seinem eigentlichen Zuhause, machen, als er etwas hörte.

In dieser Nacht nämlich hatte ein Wirtshausgänger, der dort keinen Kredit mehr, in seinem Kopf aber inzwischen einen gewaltigen Rausch hatte, dieser Wirtshausgänger hatte sich auf das Grab einer Jungfrau zum Rauschausschlafen gelegt, und trotz der Kälte ruhig gelegen. Bis auf sein Schnarchen. Ob dieses Gesägewerkes aber hatte ihn der Lorgg entdeckt. Dann ziemlich unsanft mit einem Tritt seiner gewaltigen, nackten Füße, so gewaltig, daß man auf einem einzigen von ihnen hätte die ganze Eiswand abfahren können, geweckt.

Der Wirtshausgänger, im sonstigen Leben ein frommer Mann, fluchte lauthals, richtete sich dann auf, und erstarrte. Angesichts des Lorgg mit dem Kopf und dem Hut unterm Arm.

Geat it gaach. Tua dr it maarn
Du hosch miar drleaßt, Zoch
I hon diar zerstaeßt, Pfott
Suina wearrn rearn
Dr Krumpat hot kua Schwäafl mäa
unt dr Plasslt isch holw plint ****
Gian ma gaach. Tua dir maarn ***

hatte der Lorgg gesagt, während er sich in aller Ruhe den Kopf und den Hut wieder aufsetzte. Dann den Wirtshausgänger am Schlafittel aufgerichtet, Richtung Trafoier Eiswand gezeigt, sich auf seine Schulter gesetzt, und gesagt: »Los gehts. Und tu mir nicht rennen. Wir haben Zeit, wir zwei.«

Den Lorgg hat man wieder gesehen, den Wirtshausgänger nicht mehr. Ob der übers Joch ins Italische, oder direkt zur Hölle, man weiß es nicht. Er hat sich

---

*** *Geht nicht so schnell. Klag nicht*
Du hast mich erlöst, Mann
Ich hab dich zerstört, Frau
Die anderen werden weinen
Der Hinkefuß hat keinen Schweif mehr
und der Bläßliche ist halbblind ****
Laß uns gleich gehen. Meld dich

**** *Diese zwei Zeilen sind so in den Korrnrliadrn des Luis Stefan Stecher (Korrnliadr. Gedichte in Vintschger Mundart. Folio Verlag, 2009) zu lesen. Ob hier der Lorgg den Stecher, oder damals (Erst-erscheinung 1978) der Stecher den Lorgg zitiert, wäre bei Gelegenheit noch zu eruieren.*

noch nicht dazu geäußert, der Lorgg. Soweit wir wissen. Eventuell kommt er heut nacht noch vorbei. Und dann werden wir wissen. Auch egal.

Vom Lorgg wird viel erzählt.

bona mëda natrona, prëitambe

L Mat e l norcel

L MAT E L PORCEL.
DER VERRÜCKTE UND
DAS SCHWEIN

Es geht die Rede, erzählt unser alter Freund Giuan, von folgendem. Und was davon wahr sei, wisse höchstens er selbst. Wolle sich aber dazu nicht äußern. Sondern lieber davon erzählen, wovon die Rede geht. (Uns sollte es recht sein.)

Auf einem begüterten Bauernhof bei Calfosch im Badiotischen (wenn auch sprachlich nah am Grödnerischen, wie Giuan sagt) war es tagtägliche Gepflogenheit, dem stattlichen Hausschwein jeden Morgen, also nach dem Frühstück von Bauer und Bäuerin, die Pfanne mit dem übrig gebliebenen Mus vor die Tür zu stellen. Nicht unbedingt nur aus Menschenfreundlichkeit dem Schwein gegenüber. Sondern eben auch vorausschauend auf den Speck, ein halbs Jahr später im Herbst.

Nun kam aber eines Tages ein ebenso armer wie hungriger Verrückter am Hof vorbei, und daß er *verrückt* war, wußte man, weil ihm sein Ruf vorauseilte.

Was man sich, konkret, so vorzustellen hat: Es klopft an die Tür, man macht auf, draußen weht nichts als ein eigenartig lauwarmes Lüftchen, und daraus erhebt sich eine Stimme, die spricht. *Bun de, co vára pa?* Guten Tag, wie gehts so? Ich wär *Der Ruf*, der vorauseilende. Und soll mitteilen, daß mein Herr, der Hinterhereilende, Herr Verrückter nämlich, le *Signur Mat, mefo*, gleich an Eure Tür treten wird. Und weg war er, der vorauseilende Ruf. Und weg war das Lüftchen.

Und Herr Verrückter steht an der Tür. Arm und hungrig, wie gesagt.

Ob man ihm, dem hungrigen Armen, denn erlauben würde, gemeinsam mit dem Schwein aus der Musrestpfanne zu frühstücken, er litte wirklich argen Hunger, bitteschön, *bona mëda patrona, prëitambel*, gute Frau Herrschaft, ich bitt.

Er solle bloß abhauen, der häßliche Verrückte, *bur mat*, sagt die begüterte Bäuerin.

Er also nochmal *prëitambel bona mëda*, ich sterb gleich vor Hunger, gute Frau, bittschön.

Nia, nichts da, hau bloß ab, sagt da die Bäuerin und richtet sich ihren Schurz zurecht, immer muß ich alles machen, der Bauer zu nichts gut, nicht einmal dazu, diesen Verrückten zu verscheuchen, sitzt hinterm Ofen, der Bauer, gleich nach dem Frühstück schon, und die ganze Arbeit und der Verrückte bleiben mir, aber Er ist dann am Abend der Große Bauer, wenn er mit den Seinigen im Wirtshaus zusammensitzt, *fá na vita da sciore*, Zuständ sind das, also hau ab, Verrückter, bevor ich selbst auch gleich noch verrückt werd. Und den Hund ruf. Das Mus ist fürs Schwein. Und basta. *Sëgn bastel!*

Und haut die Tür hinter sich ins Schloß.

Signur Mat, der arme, hungrige Verrückte, ist unterdeß ein paar Schritte zurückgewichen.

Und wartet, kaum die Tür im Schloß, seine löchrige Mütze in den Händen drehend, zweifelnd noch einige Augenblicke ab. Und macht dann, zögerlich, einige Schritte auf das Schwein zu. Das derweil immer noch am Mus. Und noch einen Schritt. Das Schwein würdigt ihn keines Blickes. Immerhin ist man Hausschwein auf einem herrschaftlichen Hof.

Prëitambel, bel gran porcel, bittschön, schönes großes Schwein, sagt der arme, hungrige Verrückte, leise, um das Schwein nicht zu erschrecken, *prëitambel,* bittschön, laß mich bei dir mitessen.

Aber das Schwein schaut ihn nur kurz von der Seite her an, und versenkt den Rüssel dann wieder im Mus. Als ob nichts gewesen.

Da wird es dem armen, hungrigen Verrückten dann doch zu viel, und mit dem einen Handgriff greift er sich blitzschnell die Muspfanne und mit dem anderen ein Schweinsohr, und schon sitzt er auf dem Rücken des schönen, großen Schweines und reitet auf ihm um den herrschaftlichen Hof herum. Und schaufelt sich Mus aus der Pfanne, und lacht, und ißt, und lacht. Als die Pfanne schließlich leer, bleibt das Schwein keuchend stehen.

Der arme, nicht mehr ganz so hungrige Verrückte stellt die Pfanne vors Schwein und tätschelt ihm den Nacken.

Und sagt: Dank für alles, was du für mich getan hast, schönes Schwein. *Dilan de döt ci che t'as fat por me, bel porcel.*

Cun plajëi, gern geschehen, sagt das Schwein. Ein bißchen Bewegung muß schließlich auch sein, zwischendurch, nicht wahr, *catö?*

I vëgni indoman, sagt der arme, nicht mehr ganz so hungrige Verrückte, *doman da doman,* ich komme morgen, morgen früh wieder vorbei. Und übermorgen. Und noch bevor dann der Herbst kommt, suchen wir uns einen anderen Platz, wir zwei. Richtung Sas dla Crusc, würd ich vorschlagen.

Und geht, *le Signur Mat.* Der arme, nicht mehr ganz so hungrige Verrückte.

Das große, schöne Schwein aber nickt ihm hinterher.

DIE KELLNERIN, DER MALIDER GOGGL, UND DIE WETTE UMS HALBE WEINFASS

Daß in den damaligen Zeiten eine Kellnerin, statt den Herren den Wein an den Tisch zu tragen, schlechtbezahlt, selbigen Herren ein halbes Faß vom Besten aus dem Beutel wetten würde, das war damals ganz und gar nicht vorstellbar. Weswegen man es sich als allzuwunderliche Mär erzählt hat, höchstenfalls. Und dann ebenso ungläubig wie mißbilligend den Kopf geschüttelt, die Herren. Und die Kellnerin leis gelächelt, im Zurückgehen an die Schank.

Und wird so eine unwahrscheinliche Mär nur oft genug erzählt, und verdreht und ausgeschmückt, alles im Bemühen, ihr einen Sinn zu geben, dann kommt sie auf uns, schließlich, als Sage. Und wir wiederum schütteln den Kopf über unsere ebenso leicht- wie abergläubischen, den Naturwissenschaften vollkommen abgewandten und im Grunde zu bedauernden Vorfahren. Wem es aber in den wohligwarmen Städterstuben zu wohl geworden, der macht sich auf, übermutig, solch gruseliges Zeug zu sammeln. In

der Wildnis, bei den Wilden. (Und das Ehegespons sagt: »Karl Felix, paß mir ja gut auf auf dich, da draußen.«)

Um es kurz zu machen (und ohne werten zu wollen): Es hauste und wütete und trieb sein Unwesen seit langen Zeiten zwischen dem Hexenkessel auf Puflatsch, Fortschelles und Hochsalames einer, den man, obwohl ihn nie einer je richtig zu Gesicht bekommen, den *Malider Goggl* nannte. Was wiederum auf einem sprachlichen Mißverständnis beruht. Der Malider Goggl hatte nämlich zuviel der Pilze gegessen, und der falschen, und anstatt zu fliegen lag er unter der Fichte, stöhnte und jammerte: Malad!, malad! Ein Bauer, der grad vorbeikam, hatte *Malid* verstanden, und da es in der Gegend, wenn auch auf der anderen Almseite, tatsächlich etwas gibt, das sich Malider Schwaige nannte, gedacht, verstanden zu haben, was er da gehört. Gesehen hatte er sowieso nichts. Denn der Malider Goggl hatte auch Pilze zu sich genommen, die einen dermaßen grün werden lassen, daß einen kein Normalsterblicher je erblicken würd, im Gelände zumal.

In einem Wirtshaus der zivilisierteren Umgebung aber saßen sie eines Tages wie immer zusammen, und nach dem xten Liter Wein kam die Rede wieder auf den Malider Goggl. Und wie furchterregend der. Und. Da entfuhr, aus Müdigkeit wird Unachtsamkeit, der Kellnerin Maridl ein kleines, neckisches Lachen, der ängstlichen Männer wegen. Die sofort aufgebracht. Sie möge sich da bloß nicht einmischen, und überhaupt, Weibsbild. Das sei schon für Männer todesgefährlich, so eine Begegnung mit dem Malider Goggl. Noch einen Liter, aber zack! Da aber, der Tag war lang, und die Woche noch länger gewesen, drehte sich die Maridl wieder an den Tisch zurück und sagte: »Ich wett mit euch. Daß ich heut nacht noch da hinaufgeh, wo ihr sagt, daß der Goggl oder so sich rumtreiben soll, stell mich hin, und ruf nach ihm. Und wenn ich morgen früh tatsächlich nicht tot bin, seid ihr mir ein halbes Faß Wein schuldig. Vom Guten.«

Stand da, und rührte sich nicht, die Maridl. Und schaute in die Runde. Hauptsächlich, damit sie wieder in Bewegung käme und damit endlich Nachschub an den Tisch, gleichzeitig aber auch, weil das, was ihnen da angetragen wurde, ein dermaßen aberwitziges Unterfangen war, nun ja: Sie schlugen in die Wette ein. Kopfschüttelnd. Und mit leichtem Bedauern, weil die Maridl sonst eigentlich keine Ungute, und wer weiß schon, wer ihren Platz einnehmen würde, wenn sie nicht wiederkäme. Was so sicher war wie das Amen in der ... na ja. Die Maridl aber brachte den Nachschub an den Tisch, zog sich die Schürze aus und sagte: »Ich bin dann mal weg.«

Um es kurz zu machen: Sie ging schnurstracks bergauf, es dunkelte bereits, und als sie endlich oben angekommen, da, wo der Goggl sich herumtreiben sollte, dem Männergerede nach, blieb sie ab und zu stehen und rief nach dem Goggl. Und ging weiter bergauf, und rief. Und den Grat entlang, und rief.

Inzwischen zog Nebel um. Müd geworden, setzte sie sich auf einen Felsbrocken. Und schüttelte den Kopf. Du wieder! Da hörte sie erst ein Geräusch, dann eine Stimme. »Bist malad, Madl?« Nein, sagte die Maridl, es gehe ihr gut. Etwas müd vielleicht, grad. Da könne er aushelfen, sagte die Stimme aus dem zwielichtigen Mondnebellicht. Und dann setzte sich ein schmales Männchen neben sie und holte aus einem Sack einen Pilz heraus. Der würde helfen. Auch nicht, versprochen, malad machen. Habe er, sicherheitshalber, zweimal überprüft. Also nur zu. Die Maridl sah ihn an, und sagte: »Der Malider Goggl. Bist gar keine so üble Erscheinung, du. Gibt es zu trinken auch was?«

Um es kurz zu machen: Die Nacht war dann noch weitaus friedlicher und vergnüglicher geworden, als die unten im Wirtshaus es sich je hätten träumen lassen.

Im Wirtshaus aber warten sie seither darauf, endlich bedient zu werden. Und fragen sich, wo das halbe Weinfaß hin verschwunden ist. Und wieso ihnen in ihren Geldbeuteln genauso viel Geld fehlt, wie ein halbes Faß vom Guten, literweise ausgeschenkt, normalerweise kostet.

Der Goggl und die Maridl sind, falls man mich fragt, seither, und das ist lang her, und in Ewigkeit, und die ist lang, ein glückliches Paar. Wenn auch manchmal zu Späßen aufgelegt.

DIE NIXE VOM KARERSEE

Es lebte einst eine Nixe im Karersee und sie lebte in Freude und Frieden, schwamm ihre Runden, tauchte am Grund des Sees nach Kiefernzapfen, setzte sich abends auf einen Stein im See, um der untergehenden Sonne zuzusehen, und kümmerte sich ansonsten reichlich wenig um das, was in der übrigen Welt so vor sich ging. (Einkäufe waren keine notwendig, was sie brauchte, fand sie im See, sagt man. Aber das kann auch nichts als Sage sein.) Mit den Nachbarn war ein Auskommen; Rosengarten, Latemar und Wälder standen freundlich rundum.

Wär da nicht dieser frisch eingetroffene Hexenmeister vom Masaré gewesen.

Und das kam so: Auf Masaré trieben sich seit jeher einige herum, die in der Hexerei bewandert waren. Ihre ungekrönte Königin aber war die Lomberda, eine alte Hexenmeisterin, deren Ruf weitum wie Donnerhall ging, da sie gern auch Gewitter zauberte, zu nichts als zum Zeitvertreib. Die Bauern nannten sie fluchend *das welsche Weib*, und versuchten, ihr mit geweihten Glocken beizukommen. Vergeblich. Eine vom Schlage und der Erfahrung der Lomberda ließ sich durch solch billigen Hokuspokus nicht beeindrucken.

Der Hexenmeister vom Masaré aber war als junger Mann in die Welt hinausgezogen, zu still war es ihm bald geworden da oben am Berg. Hatte diesseits wie jenseits des Meeres bei großen Meistern die Geheimnisse seiner Zunft erlernt, die neuesten Tricks. Eines Tages aber war er plötzlich wieder auf den Masaré zurückgekehrt, weltmännisch, und gar nicht wortkarg. Erzählte von der Welt da drauß und ihren Wundern. Sowie seinen Erfolgen. Gemunkelt wurde unter den Masaré-Bewohnern zwar, er sei zurückgekommen, weil er in Schwierigkeiten geraten war. Aber das war, wenn es nach ihm ging, nichts als Gerede. Und so hätte alles, samt Blitz und Donnerschlag, weiter seinen geordneten Gang gehen können.

Hätte nicht eines verwunschenen Tages der Hexenmeister vom Masaré herunter die Nixe entdeckt. Und sich, Knall auf Fall, in sie verliebt. So unsterblich, wie es einem Hexenmeister, der die Welt gesehen hat, eben möglich ist. Also stieg er von seinem Felsen, machte sich an sie heran und versuchte seine Zauberstückchen. Die Nixe aber zeigte ihm unbeeindruckt die kalte Schulter und tauchte ab.

»Hast eben noch nie mit der Nixe eines Gebirgssees zu tun gehabt«, sagte die Lomberda und lachte. »Versuch es weiter.«

Und der Hexenchor sang: *Tre volte miagola il gatto in fregola.* Dreimal miaut der brünftige Kater.

Und dreimal blitzte der Hexenmeister ab. Verzweifelt kam er wieder zur Lomberda, um einiges wortkarger als sonst.

»Na, wer ist die Meisterin der Meister, diesseits und jenseits der Meere?«, sagte sie.

»Du«, sagte er.

Sie nickte und ließ es donnern überm Rosengarten. Morgens um halb neun.

»Gut«, sagte die Lomberda, »ich werde dir helfen. Du mußt unserer Nixe einen Regenbogen hinzaubern, vom Rosengarten bis zum Latemar. Keinen gewöhnlichen, einen aus puren Edelsteinen. Das hast du ja, sagst du, im Orient gelernt. Also los.«

Und der Hexenmeister zog los. Er hatte den Trick mit den Edelsteinen eigentlich für sich behalten wollen, aber es wurde langsam Zeit, daß sie aufhörten, über ihn zu lachen. Er versteckte sich hinter einem Felsenzahn, sagte sein Sprüchchen auf, hantierte hin und her ... Und schon stand der wunderschönste edelsteinerne Regenbogen am Himmel. Und spiegelte sich im Karersee, als er dort angekommen war, um nach der Nixe zu sehen.

»Ganz hübsch«, sagte die. »Aber auch nicht mehr.«

Und tauchte wieder ab.

Da begann der Hexenmeister vom Masaré zu toben und zu wüten, riß sich die Haare vom Kopf und den Regenbogen vom Himmel, zerbrach ihn in tausend Stücke, warf sie in den Karersee und verschwand heulend auf Nimmerwiedersehen.

Seither besuchen die Hexen vom Masaré, wenn ihnen nach Feiern ist, die Nixe vom Karersee und leihen sich Ohrgehänge aus. Smaragd, Rubin, Topas,

Citrin, Saphir, Lapislazuli, Türkis und Amethyst. Dann leuchtet der Regenbogen wieder zwischen Rosengarten und Latemar und die Nixe sitzt auf ihrem Stein im See und lächelt.

DIE PEST AM RITTEN

Ursprünglich, so erzählte man sich, hinter vorgehaltener Hand – wieso das mit der vorgehaltenen Hand, werden wir gleich hören –, ursprünglich war die Pest von auswärts gekommen.

Es hatten nämlich Genueser Kaufleute, gänzlich in ihre Geschäfte vertieft, dabei mit pestkranken Heiden aus dem Morgenlande geredet, und mit diesem Gerede, und weil sie sich dabei nicht die Hand vor den Mund gehalten, nicht einmal das, verschleppten die Genueser die Pest ins welsche Land, und von da ging der Tisl (den man auch *la tisi* nannte) in die Welt hinaus, kam also auch bis auf den Ritten und bis ins Martell.

Obwohl das eigentlich, in der damaligen Zeit, doch eine rechte Wegstrecke war. Das aber war der Pest egal. Die derjenige Tisl nannte, der ihren wahren Namen nicht aussprechen wollte. In der Hoffnung, dann wär die Sache aus der Welt. War sie nicht. Sie wanderte munter weiter.

Und kam, wie gesagt, und zwar im Jahre 1636 – Venezia hatte sich schon wieder erholt von der *peste* dank *Quarantena e Lazzaretti* –, da kam die Pest also auch auf den Ritten. Und nach Unterinn. Welches nun wieder, zu früheren Zeiten, noch etwas

beschaulicher als heute, aber durchaus eine reiche Bauerngegend war. Die Höfe stolz. Die Wiesen flach. Den großen Bauern groß. (Die kleinen gingen ins Verdinge.)

Und die Pest, wie man heute sagt: wütete. Damals wußte man nur, daß man morgens auf den Acker ging, um Korn zu sicheln. Und spätestens zur Mittagszeit hatte der Tod gesichelt. Und man lag tot im Kornfeld.

Das konnte so nicht weitergehen, und also rief die Obrigkeit in Figur des Richters vom Ritten nach Unterinn zur Versammlung aller wesentlichen Persönlichkeiten. Man traf sich dazu am sogenannten *Pfandstein*.

»Ihr wißt«, sagte die Obrigkeit, »daß sich die Pestilenz ausbreitet, von Tag zu Tag die Leute dahinrafft, und zwar von Signat bis Siffian, von Himmelfahrt bis zum Horn, und von Unterinn bis Oberinn. Die Höfe veröden, die Leichen liegen unbegraben. So daß wir das nicht mehr dulden können, wenn noch ein paar von uns übrig bleiben wollen.«

»Ich«, rief der Raber, auch kein kleiner Bauer.

»Du kommst mir grad recht«, sagte die Obrigkeit, »du, Raber, und du, Flanderer, ihr lieferts die Bäum. Und zwar schöne. Weil nämlich«, sagte die Obrigkeit, bevor noch jemand einen Einwand tun konnte, »wir unsere Sünden bereuen werden, alle, und, weil das der Pestilenz wegen noch lang nicht genug, und eurer Sünden wegen, wir uns auch den heiligen Schutzkräften Rochus und Pirmin angeloben werden. Und damit die uns das auch glauben, werden wir, ab dem morgigen Tage, diesen unseren neu angelobten Pestschutzheiligen eine Kapelle bauen.« Und dann erfolgte die Verteilung der Arbeitslasten und der Materialschuldigkeiten. Das gab ein leises Gebrummel, unter den Rittnern, je größer je lauter, aber: immerhin hinter vorgehaltener Hand.

Nächsten Tages wurde mit den Arbeiten begonnen, ein jeder tat das seine, und am folgenden Tage auch, und am nächsten. Bis einer sagte: »Ist es euch auch aufgefallen? Wir sind immer noch gleich viele. Keiner von uns ist in diesen drei Tagen von der Pest hinweggerafft worden. Und wir sind an die fünfzig Leut. Ich glaub«, sagte er mit Blick auf die noch nicht einmal halbfertige Kapellenbaustelle, »ich glaub, der Rochus und der Pirmin, bei aller Ehrfurcht und Ehr, ich glaub, die haben so schon einen Gefallen an der Kapell.«

»Denk ich auch«, sagte der Raber, der nächsten Tags eigentlich wieder eine Fuhre Baumstämme liefern sollte, nur die schönsten, aus seinem eh schon arg geschundenen Wald, »ganze Kapellen haben diese Heiligen schon genug. Halbe noch keine.«

Und also legten sie die Arbeit nieder, aßen in Ruhe ihre Arbeitszehrung, der Wolfsgrubner Wirt brachte Wein dazu, und am End wurde, zum Ausklang eines langen und merkwürdigen Tages, fröhlich gesungen. Im Kreis um die Halbkapelle sitzend.

Oh du lieber Augustin
Mir da in Unterinn: Alles is hin
Mir da in Oberinn: Alles is hin
Oh du lieber Augustin

Die Pest aber kam am nächsten Tag wieder, stärker als je zuvor, und wanderte zudem über Lengmoos und Lengstein und Saubach bis nach Barbian weiter. Und Villanders und Verdings.

MEZZASELVA, MITTEN IM WALD. UND DER MOARHUND

In Mezzaselva wird es, hatte der Daverda gesagt, in Mezzaselva wird es früh dunkel und spät hell.

Der Daverda war aus dem Süden hierhergekommen, nach Mittewald, der Arbeit in der Fabrik wegen, und daß es in der Fabrik Arbeit gab, hatte man ihm gesagt. Was man dem guten Daverda aber nicht gesagt hatte, war, daß hier in diesem Mezzaselva die Sonne nie schien, in diesem Mittewald, das gar nicht so sehr *mitten im Walde*, sehr aber in einer teuflisch schmalen Talsohle lag, links wie rechts die Berghänge hoch in einer Nordsüdausrichtung, daß es in drei langen Wintermonaten nie, auch bei allerklarstem Himmel nicht, zu einem Sonnenstrahl in der Talsohle reichte, in der sich, außer dem Bach und der Straße nicht sehr viel mehr befand als vier Häuser, zwei Hütten und drei Felder. Welch letztere allerdings alle dem einen Bauern gehörten, dem Moar. Der Rest aber, um die Felder herum bis an den Horizont, und also auch die Fabrik, und ihre Arbeiter, und also auch der Daverda, der Rest gehörte dem Gnädigen Herrn und der Gnädigen Frau, wie der Geadelte von seinen Leibeigenen genannt zu werden hatte. Herr von Dis und Pretzo.

Der Daverda, als einer der letzten hierher in dieser Eigenschaft gekommen, wollte den Geschichten, die hier umgingen, von dem ungeheuerlichen, schwarzen, herz- und hirnerschreckenden Riesenhund, erst nicht glauben. Da, wo er herkam, hielt man sowas schlicht für Aberglauben, seit einiger Zeit schon. Da, wo er herkam, schien aber auch winters, bei gutem Wetter natürlich nur, die Sonne.

Und je länger der Winter dauerte, und je mehr das Licht fehlte, um so häufiger wurde der schröckliche Riesenhund gesichtet. Der Daverda schüttelte nur den Kopf. Und behielt seine Meinung bei sich. Weil er seine Arbeit behalten wollte. Bis er eines Abends, längst schon alles stockfinster, von der Arbeit nach Hause ging. Der Wind pfiff, wie immer, aus Norden kommend durch das kalte Loch, und dem Daverda, sonst ein lustiger und musischer Mensch, war das Pfeifen längst vergangen. Er freute sich schon auf den warmen Teller Suppe, die er sich gleich auf den Herd stellen würde, und darauf, sich endlich die Schuhe ausziehen zu können. Der Daverda war nämlich schon in einem gewissen Alter, und die Arbeit in der Fabrik, tagein, tagaus mit den tropfnassen Fetzen, die Tonnen wogen, schlug aufs Fußwerk, und den Fuß.

Da stand, unversehens, und zu des Daverdas größter Verwunderung, plötzlich ein riesiges Ungeheuer vor ihm, mit feuerfunkelnden Augen, einem bis ins Unendliche gesträubten Fell, und einem Gefauche, daß einem ganz anders werden konnte und die Ohren nur so dröhnten. Wie ein ins Hundert- und Tausendfache vergrößerter, tollwütiger Hofhund. Der Moarhund. Tatsächlich. Der Daverda stand wie angegossen da, wagte erst gar nicht zu atmen. War schon längst blau im Gesicht wie der Moarhund schwarz, da kam ihm, ohne zu wissen, wie und wieso, ein Lied von den Lippen, und zwar gepfiffen, leise.

> Che bella cosa na jurnata 'e sole
> 'O sole mio, sta 'nfronte a te
> 'O sole, 'o sole mio ***

sang es in seinem Kopf mit. In dem, gleichzeitig, all die Geschichten umgingen, die er gehört hatte über dieses Unwesen, den Moarhund, all das Gerede, das Gesage, das Gefabel. Ging es danach, war hiermit seine letzte Stunde gekommen, Minute mehr, Minute weniger. Und weils auch schon egal war, legte er noch einmal von vorn los und sang, diesmal laut, 'O sole, 'o sole mio, und sang, und sah zu seinem nicht geringen Erstaunen, wie der Moarhund, dieses feueräugige Riesenunwesen, von Mal zu Mal

---

*** *Das nun wiederum ist nichts als ein napuletanisches Zitat aus:*
O sole mio. Lyrics: Capurro, Music: Di Capua.
Was für eine schöne Sache, so ein sonniger Tag
Meine Sonne, strahlt dir auf die Stirn
Die Sonne, meine Sonne

und von Note zu Note kleiner wurde, einschrumpfte, und leiser wurde, und die Feuerlichter in seinen Augen verglommen langsam, und also sang der Daverda, nunmehr wirklich laut, als ob auf der Bühne des *Real Teatro di San Carlo* (in dem er vor Zeiten mal Nachtwächter. Aber dann war es abgebrannt, bei Tag), und sang, und der Moarhund schrumpfte, und winselte inzwischen nur mehr leis, und sang, und der Moarhund drehte leicht die Schnauze, und sang, und der Moarhund, inzwischen kaum riesenschnauzergroß, legte sich direkt vor ihm flach hin, und wedelte mit dem Schwanz.

Bravo, sagte da der Daverda, strich dem Moarhund kurz übern Kopf, und ging nach Hause. Heizte den Herd ein. Zog sich die nassen Schuhe aus. Und setzte die Suppe auf. Gerstsupp vom Vortag schmeckt doppelt.

VON DEN SALVANS, UND VON DER AGUANA

In der Gegend von Al Plan im Ladinischen, und von Al Plan bis zur Fodara Vedla hinauf, und in den umliegenden Gegenden, Wäldern und Felsen, lebten, sagten die Leute, seit alters her eine ganze Menge seltsamer Wesen. Also seltsam insofern, daß sie schon länger als die anderen da lebten und in Aussehen und Art ihr eigenes Leben führten.

Das waren die *Salvans*, die Wilden Männer und Frauen, die man manchmal auch *Selvans* nennt, und das zu Recht. Diese Salvans und Selvans waren, respektierte man sie, durchaus umgängliche Zeitgenossen. (Die *Bregostane* waren etwas heimtückischer. Weswegen wir sie hier beiseite lassen.)

Auf Sarjëi, aber hier gehen die Meinungen auseinander, es kann auch auf Jú gewesen sein, oder hinten in Pederü, wo es früher auch noch einen Hof gegeben haben soll, die Zeiten und Wetter scheinen besser gewesen zu sein, aber sagen wir: auf Sarjëi, über Al Plan oben, war es irgendwann zur Gewohnheit geworden, daß sich ein Salvan zu den Frauen setzte, die abends im Kreise saßen, um zu spinnen. Das aber nie, wenn auch Männer mit von der Partie waren. (Was man verstehen kann.)

Die hässliche, schwarze Spinnerin ist nicht jene von vorhin…

Der Salvan saß still in einer Ecke, und hörte den Frauen dabei zu, wie sie sich Geschichten wie diese hier erzählten.

Bis eines Tages die Männer beschlossen, den Salvan gefangen zu nehmen. Und einen der ihren als Frau verkleidet allein an die Spindel setzten. Der Salvan kam dazu, schaute nur kurz, und fing dann an zu singen.

> Die hässliche, schwarze Spinnerin
> ist nicht jene von vorhin
> Spinnt der Mann, so fehlt die Hand
> Meint das Spinnen zu versteh'n
> doch kann er kaum die Spindel dreh'n ***

Drehte auf der Stelle um, der Salvan. Und ward nicht mehr gesehen. (Man kann es verstehen.)

Deutlich weiter den Berg hinauf, also hoch oben, wo die Murmeltiere ihre unterirdischen Höhlen bevölkerten, wenn sie nicht grad in der Sonne standen und sich eins pfiffen, am Berg oben aber lebte, lange vor der Geschichte mit dem Salvan, eine *Aguana*, eine Wasserfrau. Manche nannten sie auch *Gana*.

Die Aguana hatte viel erlebt und noch mehr gesehen, und sie kannte sich aus mit Kräutern und Wurzeln. Und Wasser. Sie hatte ein Kind groß-

---

*** nach: Brunamaria Dal Lago Veneri. Basilisken, Einhörner und Sirenen. Panoptikum der fantastischen Wesen. Folio Verlag, 2019

gezogen, die Molta, die dann gegen ihren Rat hinunter zu den Menschen umgesiedelt war.

Und jetzt war sie, die Molta, wieder zurückgekommen auf den Berg, war vor dem Desaster da unten geflüchtet, und die Murmeltiere hatten die Aguana alarmiert, Aguana hatte die Molta schließlich gefunden, entkräftet, und mit einem Kind im Arm. Hatte ihr dann die Augen geschlossen. Und die Murmeltiere standen rundum, um Aguana, Molta und Kind, und sangen im Chor.

> Die Menschen haben die Berge
> verlassen und sterben
> Die Menschen haben die Wasser
> verlassen und sterben
> Die Menschen haben die Tiere
> verlassen und sterben ***

Die Murmeltiere haben die Molta beerdigt. Die Aguana hat dem Kind den Namen Moltina gegeben. Daraus entstand das Reich der Fanes.

*** nach: Anita Pichler. Die Frauen aus Fanis. Geschichten aus der Sagenwelt der Dolomiten. Mit Erläuterungen und einem Nachwort von Ulrike Kindl. Haymon Verlag, 1992

AUF CASTELFEDER

Der Hügel von Castelfeder hat von jeher schon seine eigene Geschichte. Es ist einem, als wäre er immer schon gewesen. Was aber nicht sein kann, da er vulkanischen Ursprungs ist, was uns, jenseits aller Sagen, belegt, daß auch der Hügel von Castelfeder irgendwann einmal aus den Tiefen der Erde aufstieg, ihr entglitt, oder, wenn man so will: lauwarm ausgespuckt wurde. Weswegen der Hügel von Castelfeder und der Rote Platz (Красная Площадь, Krasnaja Ploschtschad) in Moskau auch Cousins ersten Grades sind. Sowohl petrographisch wie lithologisch gesprochen. Aber das nur am Rande.

Wer nun auf Castelfeder steht, der wird unwillkürlich ein leises Raunen hören. Wie fernab anrollendes Meer. Und es gibt, sagt man, durchaus auch Tage, wenn auch selten, an denen man, von Castelfeder aus nach Süden blickend, plötzlich, aus Richtung der bekannten Salurner Klause, das Meer ins Land ziehen sehen kann, mehr als doppelt kirchturmhoch, aber ansonsten recht friedlich. Es sollen, geht die Sage, sich an solchen Tagen immer wieder einige von Castelfeder aus jauchzend in die salzigen Fluten gestürzt haben; nur, um am nächsten Tag mit nassen Kleidern und wunden Knien vor ihrer

Hofstatt aufgewacht zu sein. Müde, aber fröhlich, in ihrem Erinnern. In den umliegenden Dörfern nannte man sie verächtlich *Die springenden Pheldine von Fastelceder* (was wohl eine Verballhornung sein mag.)

Ansonsten gibt es, geht die Sage, auf Castelfeder, wie an solchen Orten üblich, durchaus den einen oder anderen verwunschenen Schatz. Den zu heben aber, wie gehabt, noch niemandem gelungen ist. Und wenn, dann ist er daran gestorben, und der Schatz versank wieder ins Nichts.

Es ist also kein Wunder, daß Castelfeder seit jeher so beliebt war. Zudem liegt es genau so viele Höhenmeter über dem Tale, wie nötig sind, um den unwirtlichen Welten dort unten gerade noch trotzen zu können.

Wenn aber wieder einmal der Etschdamm bricht und Millionen von hybriden apfeltragenden Dingern unter Wasser stehen, die in frühen Sagen noch Apfelbäume genannt wurden, die reinsten Fabelwesen, von denen man sich erzählt, sie seien damals so hoch gewachsen wie ein Haus und man hätte ihnen mit einer einfüßigen Leiter, der sogenannten 27er-Loan, zu Leibe rücken müssen, wenn also wieder einmal der Etschdamm bricht, dann leuchtet nächtens auf Castelfeder ein Licht auf und flackert übers Tal. Und Apfelseelen steigen aus dem Wasser, fliegen ein paar Runden und lassen sich dann auf den Steinen der Burgruine auf Castelfeder nieder, um sich zu unterhalten.

An ganz besonderen Tagen aber, wenn an Sommerabenden lau der Wind vom Berg herunterfällt, ist ein Saxophon zu hören. Und man sagt, es handle sich um einen einsamen, bis auf den Tod liebeskranken Saxophonisten, der im Tunnel der aufgelassenen k.u.k. Fleimstalbahn seine letzten Lieder spielt, einmal und noch einmal. Wissen kann man das nicht. Es war noch keiner da, um das zu überprüfen. Und falls einer da war, kam er nicht mehr zurück. Oder hat, zurückgekommen, geschwiegen über das, was er gesehen hat. Wieso auch immer.

Um den seit jeher auf der Burgruine von Castelfeder hausenden Baron von Caldiff rankt sich übrigens eine ganze Reihe von Sagen, die aber bereits anderenorts wirkungsvoll erzählt wurden. Hinzugefügt sei nur diese hier:

Dem Baron von Caldiff war eines Tages sehr langweilig, langweiliger noch als an gemeinen christlichen Feiertagen. Er trat vor seine Ruine, besah sich den Talboden unter ihm, den Himmel über ihm, sowie sein nicht mehr gänzlich blütenweißes Hemd. Da unten grün, da oben blau, und an mir alles grau, sagte er, das kann nicht sein, das ist nicht fein. Erhob den Arm, Hagelwolken zogen gewittrig auf, es rauschte, es krachte, der Himmel wurde graubraun, der Talboden braungrau. Und das Hemd blütenweiß. Wohlauf, sagte da der Baron von Castelfeder, jetzt kanns zum Tanze gehn. Und zog los. Und sang.

VOM SCHGUMSER PUTZ AUF TARNELL

Man hat ihn, sagen die Altvorderen, mögen müssen, eigentlich. Wenn er auch manchmal, wie sie sagten, vorsichtig um sich äugend, manchmal, nun ja, war er schon etwas eigen. Aber, aaaber: Man hat ihn mögen müssen. Den Schgumser Putz.

Das mag den Heutigen, zumal denen aus den 1970er Jahren, etwas eigenartig im Ohr klingen. Meinte man doch zu deren Zeiten mit Putz den Dorfpolizisten. Und den, aus gegebenen Gründen, mochte man nun einmal gar nicht. Das hatte auch etwas mit den Vorschriften zum einen, und dem Gaspedal zum anderen zu tun. Und beide auf einmal gingen sich nicht aus, zusammen. Weder in der Subtraktion noch in der Addition. Irgendwer war immer zu schnell. Der Nächtlichdurchdiegegendfahrer. Oder der Putz zur Stell.

Der Schgumser Putz aber, um gleich ein Mißverständnis aus der Welt zu schaffen, der Schgumser Putz war kein Dorfpolizist. Und nicht nur, weil es zu seiner Zeit noch lang keine solchen geben sollte. Auch nicht, weil er sonderlich reiniglich oder eitel gewesen wäre. (Wurden doch Frauen, die im Berlin der 1880er Jahre Hutschmuck häkelten, stickten

und hefteten, von Berufs wegen, Putzmacherinnen genannt. Wegen des sich *Herausputzens*, der feineren Damen. Aber auch damit hatte der Schgumser Putz nichts am Hut. Wiewohl er einen Hut trug, auf Dreiviertelelf, meist.) Der Schgumser Putz war also: kein Dorfpolizist, nicht sonderlich reinlich, auch nicht eitel, keine Arbeiterin im lichtlosen zweiten Kreuzberger Hinterhof, der Schgumser Putz war noch nicht einmal ein echter Schgumser. Echte Schgumser sagten im besten Falle: Man kann sich ja seine Verwandtschaft nicht aussuchen; und der ist schon mal gar nicht mit uns verwandt, der.

Das war dem Schgumser Putz alles sehr gleichgültig. Er hauste nunmehr schon mindestens im zweihundertsten Jahr in den Sümpfen, Auen, Mooren und Wasserläufen der Etsch, die sich, ziemlich unentschlossen, je nach Jahreszeit mal hie, mal da durch den Talboden des Obervinschgaues dahinschlängelte und die Gegend fortwährend in ein ziemliches Chaos verwandelte. Der Schgumser Putz aber befand sich äußerst wohl darin. Es war, wie der heutige Ornithologe sagt, sein natürliches Habitat.

Und falls dann doch, ab und zu, ein Mensch aus einem der umliegenden Orte, einer aus Laas, Tschengls, Eyrs oder Tarnell zum Beispiel, sich in das Reich und die Gegend des Schgumser Putz vorwagte, weil der Weg durch den Talgrund rein rechnerisch kürzer als der über die Talhänge, falls dann doch, dann hatte der Schgumser Putz demjenigen längst aufgelauert.

Sprang, mit schlammignassen Beinkleidern, dem ärmsten Deswegskommenden auf den Rücken und schlug ihm auf die Arschbacke wie der Jockey dem Araber. Und sang, sehr lauthals, ein Lied, das in etwa, sagen die, die es überlebt haben, so ging:

> Auf Tarnell will i
> Der Schgumser Putz bin i
> Auf der Schnell will i
> auf Tarnell derschnell

Und wer das erlebt hat, war zutiefst erschrocken. Und dann überrascht davon, daß der Schgumser Putz anscheinend ein freundliches Wesen. Weil er, nach höchstens einer halben Stund der Reiterei, anfragte, ob man denn müd sei. Der Ärmste unter ihm, schnaufend und schwitzend, konnte nur nicken. Da sprang der Schgumser Putz ab. Und holte aus den unergründlich tiefen Taschen seiner verdreckten Hose ganze Köstlichkeiten, die der Großteil der Laaser, Tschengelser, Eyrscher oder Tarneller kaum je gesehen: helleuchtende Pomeranzen, ein Viertel Parmaschwein, und adeligen Käs mit blauen Adern. Dazu ein Weißbrot, das zwar salzlos, aber wunderbar, ansonsten. Und schließlich weißen und roten Wein. Eine halbe Stunde später sagte der Schgumser Putz: Auf gehts!, das Zeuch verschwand wieder in seiner Hosentasche, wie es aus ihr gekommen, sprang dem Mann, der grad noch Zeit hatte, sich den Mund abzuwischen von dem fürstlichen Essen, wie er es sich bis anhin hatte kaum vorstellen können, geschweige denn erträumen, wieder auf den Rücken, und weiter ging es, mit der Wilden Fahrt. Nach einer halben Stunde wieder halbe Stunde Pause.

Schließlich aber hatte es sich in Laas, Tschengls, Eyrs und Tarnell herumgesprochen, daß man, ging man den gefährlichen Weg quer durch die Untiefen des Talgrundes, anstatt am Talhang entlang, vielleicht etwas länger unterwegs war. Aber sicherlich wohlgenährter ankam. Und man zeigte auf den einen und den anderen Bauch.

Bis eines Tages ein besonders Schlauer sich mit zwei anderen besonders Schlauen zusammentat, sich vom Schgumser Putz auflauern und bespringen ließ, nur um dem dann, unter Mithilfe seiner zwei zweifelhaften Kumpane, in die schier unergründlichen Hosentaschen greifen zu wollen.

Kaum aber hatten sie das versucht, tat es einen Knall, und es stieg eine kleine Rauchwolke auf, der Schgumser Putz war verschwunden, und aus der Rauchwolke war eine Stimme zu hören. Geh ich eben, sagte die Stimme, eher gelangweilt, dann geh ich eben die Etsch runter bis ans Meer und im Meer bis ans Dorten. Und sang:

>Auf Tarant will i
>auf Tarant, oh
>Schnell bin i
>schnell bin i do

den einen nach
dem anderen der
Anwärter ausschlug

DAS KNOCHERNE ESSMÖBEL VON VÖLS

Über Völs ist wenig zu berichten. Sagen die Altvorderen. Und sagen die Heutigen. Die Völser aber sehen das anders. Und gänzlich. Egal.

In Völs lebte einst eine junge Tochter eines reichen Bauern. Welcher selbst, wohlgemerkt, auch noch lebte. Samt seiner jungen Tochter, wie gesagt. Und hiermit könnte, und wenn sie nicht gestorben sind, die Geschichte zu Ende sein.

Es hatten aber einige Eigenheiten, die die Frau Tochter von ihrem Herrn Vattern geerbt, so wie sie eines Tages seine ganze Habe erben würde, und also ziemlich viel, es hatten einige Eigenheiten der Frau Tochter dazu geführt, daß das Leben bei Hofe, und also, recht eigentlich, in dem ✶✶✶✶✶-Hotel ihres Herrn Vattern, tagein wie tagaus ein ziemlich ungeordnetes war.

Da nämlich Vattern wie Tochter einen Verlobten für letztere suchten, und da im weiteren ganze Massen von Anwärtern vorm Tore standen, geblendet von dem Reichtum des Anwesens wie, in subordine, der Angebeteten, und da, schlußendlich, Frau Tochter den einen nach dem anderen der Anwärter ausschlug, ablehnte, nicht in Betracht zog: deswegen war, weil immer noch neue Anwärter nachströmten, und sich längst schon durch die Lande die Kunde von der vielgepriesenen Unerreichbarkeit der Dame verbreitet, und also natürlich um so mehr noch sich bewarben, deswegen war es allüberall ein Auflauf, wie zu seligen Privatfernsehens Zeiten. (Was zweitausend Jahre später erst kommen sollte.)

Da waren die Anwärter. Und da war noch der Herr Vatter, und die Wünsche der Frau Tochter. Wie zum Beispiel, zuallerletzt, nachdem sie bereits alles bekommen, was zu bekommen gewesen, sich wünschte einen Eßtisch, für sich, aus nichts als Elfenbein. Vattern nickte nur. Wenn auch etwas gequält. Zumal ihn grad wieder die Gallenblase zwickte. Es wurde also aus dem fernen Morgenlande, unter erheblichem Aufwande und dem Einsatz nicht unwesentlicher Mittel, endlich, zuallerletzt, dieses Eßmöbel, gänzlich aus Elfenbein geschnitzt, ins Haus gebracht, und Vattern dachte, bei sich, nun wär es geschafft, dann noch eine Verlobung, mit wem auch immer, und er konnte sich aufs Altenteil zurückziehen. Konnte er nicht. Denn er verstarb, tags drauf, unversehns, wie der Hausarzt sagte, an einer Gallenkolik. Also ziemlich übel.

Eine Zeitlang noch hielt die Flut der sich präsentierenden Anwärter an, und eine Zeitlang noch gab es Saus und gab es Braus. Frau Tochter war, war sie für sich, zuweilen etwas traurig. Widerstand gleichzeitig trotzig allen Anwärtereien, indem sie ihnen sagte, was sie von ihnen hielt. Nichts.

Dann, schließlich, ging erst die Amme in Frührente. Ihre Mundschenkin suchte sich eine andere Beschäftigung, anderswo. Die Leibschneiderin ebenso. Die Hofkapellanin dann auch. Irgendwann hatten sämtliche der alten Belegschaft sie verlassen. Dann stand ihre Oberbuchhalterin vor ihr. Zum Abschied gewandet. Und da erfuhr Frau gewesene Tochter, was sie insgeheim längst wußte: Das Anwesen, die Hofstatt, war bankrott.

Da nickte sie leise, drehte sich um, und ging. In die Welt hinaus. Die sie zuvor nie gesehen. Und litt Hunger und Durst. Und zog weiter, und zog von Tür zu Tür. Und nahm ab. Und nahm noch mehr ab. Und war irgendwann nur mehr Haut und Knochen. Und ging weiter.

Und kam eines Abends an einen Armeleutehof in einem anderen Land. Und fragte um etwas Suppe an. Oder Wasser. Oder. Bekam dann eine Schüssel vorgestellt, draußen vorm Hofgatter, wegen ihrer Krätze.

Und so saß sie dann da, löffelte müde, und längst schon kein Appetit mehr, langsam aus dem Suppenteller, der auf ihren dürren Knien schaukelte, und da sah sie ihre Knochen und sagte: »Da hast du dein knochernes Eßmöbel, du.«

DER FELSNEGGER AUF GSPELL OBER RABENSTEIN

Auf Rabenstein drin, genauer gesagt, auf Gspell oben, über Rabenstein, unterm Itlspitz, nein: so wird das nichts, also nochmal von Anfang an, auch für ausheimische Nichtpsairer: Man kommt ins Passeiertal hinein, wo es noch ebenso flach wie langweilig ist, und in Liarchd (St. Leonhard) dann endlich geht es nach links ab, bei der sogenannten Höll, und dann talein und aufwärts und immer weiter, und dann ist man schließlich in Rabenstein. Schon ziemlich weit im Hinterpsaier drin. Und ober Rabenstein nördlich der Gspeller Berg mit Gspell, und ganz am End oben dann der Itlspitz, kein sonderlich hoher Berg noch, aber recht ansehnlich. Und wie der gesamte Gspeller Berg samt der Höfesammlung Gspell schön sonnseitig gelegen. Nun gut.

Der aber, von dem hier zu erzählen, ging nie bei Sonnenlicht um. Immer des Nachts. Und zwar bei Neumond. Denn er konnte, sagte man sich, in der finstersten Finsternis noch bestens sehen. Den Rest der Zeit aber war er wie geblendet, und lag also am liebsten zwischen zwei Felsen ziemlich weit oben am Gspeller Berg und schlief. Nächtens aber, geht die Sage, ging er um. Es soll, sagt man, mit einem

Markstein begonnen haben. Keine große Sache. Es fand sich, sagt die Sage, immer wieder einmal einer, der um des schnellen Gewinnes wegen einen Markstein versetzte und damit eine Grenze zu seinen Gunsten. Um es, und das meist ziemlich lange Zeit, mit dem miserablen Dasein eines Verfluchten zu büßen, und also fürderhin jede Nacht durch die Nacht ziehen zu müssen zur Strafe (denn durch die Nacht zu ziehen ist nur eine gewisse Zeit lang lustig, das wissen selbst die begeistertsten Kneipengänger unsrer Tage; irgendwann werden nämlich, mit der Leber, auch die Knochen müd), wie auch immer: In unsrem Falle, dem des Felsneggers auf Gspell ober Rabenstein, aber entwickelte sich die Sache bald in eine noch nie gehörte und also ganz wunderliche Richtung.

Er versetzte nämlich Markstein um Grenzstein um Markstein, obwohl er, da er nichts hatte, also auch keinen Besitz, er einen solchernen auch nicht vergrößern, also auch keinen Gewinn einfahren konnte. Und immer weiter so, der Rabensteiner. Er habe bald, sagt man, damit begonnen, auch andere Dinge zu versetzen, Ezenzäune zum Beispiel, eine Hinterpsairer Spezialität, die eigentlich die Wald- von der Weidegrenze trennen sollten, und schließlich, am Ende, habe der Rabensteiner alles, was nicht niet- und nagelfest war, immer unter Neumond, verschleppt, versetzt, vertragen. Bis hin zu den größten Felsbrocken. Und nie, anders als alle anderen bekannten Marksteinversetzer der Sagengeschichte, sich über sein Dasein beklagt. Eher noch sich lustig eins gepfiffen. Hätte noch lang so weitergehen können, nach den zwei- bis dreihundert Jahren, in denen er inzwischen sein Unwesen getrieben. Ohne je einmal gefaßt worden zu sein. Hatte ja auch, außer Unordnung und Chaos, nichts angestellt. Und pfiff sich eins, meinte man in Rabenstein unten in gewissen Nächten zu hören.

Bis eines Nachts, es hatte seit Wochen geregnet, der gesamte Gspeller Berg zu Tal rutschte unter fürchterlichem Getöse. Und das Tal versperrte. Woraufhin sich hinter der gewaltigen Sperre ein noch gewaltigerer See aufstaute. Und man vom Felsnegger auf Gspell oder Rabenstein nichts mehr hörte. Er wohl mit dem Gspeller Berg im See verschwunden. Dem See, dem sie inzwischen längst den Namen *Übelsee* gegeben, in weiser Voraussicht. Und nicht zu Unrecht, wie die in Meran draußen, der fernen Stadt, in den folgenden Jahrzehnten immer wieder erfahren sollten, sobald der Übelsee wieder ausbrach und sich die Fluten über die Stadt ergossen, Tod und Leid mit sich bringend.

Es war aber der Felsnegger tatsächlich nicht mit im See untergegangen, oder gar nach Meran hinausgespült worden, auf daß er dorten fürderhin, wenn auch mit einem lahmen Bein, ein bürgerliches Leben führe, nein, dem Felsnegger war schlicht sein geliebter Schlafplatz zwischen den Felsen oben am Gspeller Berg abhanden gekommen, und damit auch der Schutz vor dem Tageslicht, er hatte sich also, mit geschlossenen Augen und trotzdem vor Schmerz leis jaulend, immer weiter den Berg hochgearbeitet, auf ewig auf der Suche nach einer sicheren Kluft, und ... das hatte gedauert. Und so lange war dann keine Zeit mehr gewesen für lustiges Zeugumräumen des Nachts.

Endlich aber hatte er, ganz oben, knapp unter der Itlspitz, einen Felsriß gefunden. Und den sich, in mühsamer jahrelanger Arbeit, zu einem neuen Wohnraum ausgebaut. Woraufhin er dann, erschöpft, für Jahrzehnte wiederum, einschlief.

Und damit wäre die Sache hier eigentlich aus. Und vorbei.

Hätten nicht, sehr viel später, ein paar Partisanen dem Dorfobernazi von Rabenstein unter Gspell um die Weihnachtszeit eine Hamme Speck aus dem Keller geklaut. Selbstversorger eben. Und einen Zettel hinterlassen, und zwar gereimt.

> Wer auf den Hitler vertraut
> braucht koan Speck zum Kraut
> Wer sein Grenzstoan nit kennt
> isch af ewig verdemmt

Es waren die letzten zwei Zeilen, die den ein oder anderen Rabensteiner vermuten ließen, der Felsnegger auf Gspell ober Rabenstein sei wieder zurückgekehrt.

Wir aber, wir können nur mutmaßen. Wie immer. Und uns eins pfeifen. Bei Vollmond.

DIE KEGELPARTIE DER PITSCHEFÖRTER RIESEN

Im hintersten Villnöß, wenn man den Wald steil hinaufgeht, zum Beispiel weil man zu den Felsentürmen der Odles will, wird man, zu seiner nicht geringen Überraschung, plötzlich auf einer großen und überaus ebenen Lichtung stehen. Ein friedliches Bild, bei Tage besehen.

Man sollte aber, des Nachts, diese Lichtung besser nicht queren. Und sie in der Dämmerung meiden. Es ist nämlich so, sagt man – und wir können nur empfehlen, solchiges auch für wahr oder scheinlich zu nehmen – es ist so, daß auf dieser grünen Ebene, die hier so unvermittelt im Gebirg liegt, regelmäßig Sportwettbewerbe stattfinden.

Weil nämlich hier die Pitscheförter Riesen, die man so benannt nach dem Namen der Lichtung, sich ein regelmäßiges Stelldichein geben, um zu kegeln. Und das mit dem Kegeln nehmen die Pitscheförter Riesen todernst. Und das geht so.

Sobald die Odles im Sonnenuntergang rot aufleuchten und die Luft blaustichig wird, treiben die Pitscheförter Riesen ihre Schafe, die sämtliche groß wie halbausgewachsene Kälber, von den Abhängen an den Lichtungsrand heran. Dort setzen die Schafe

sich dann hin. Und im Hinsetzen noch färbt ihre Wolle sich blau. Inzwischen haben die Pitscheförter Riesen sich allesamt versammelt, ein jeder von seinem Taglauf her in den Klüften und Driften oben im Gestein, und stehen im Rund und in Vorfreude. Auf das, was kommen mag. Und es kommt, wie immer am Kegelabend, der Dreiköpfige unter den Pitscheförter Riesen, und trägt, unter seinen langen Armen, die elf Kegel und die quadratische Kugel.

Woraufhin der jüngste unter den Pitscheförter Riesen, knappe dreihundert oder so, sagt man, auf jeden Fall aber gänzlich, und zwar im Wortsinne, kopflos, wie alle seine Spielgesellen der lockeren Kegelrunde, bis auf den Dreiköpfigen unter ihnen, der Jüngste also macht sich mit den Kegeln auf und stellt sie in die Lichtungsmitte, ins langsam feucht werdende Almgras. Und wartet dann, ob der Dreiköpfige nickt. Was der auch tut, zufrieden. Woraufhin der Jüngste eilig zurückläuft, in Riesenschritten, also drei oder vier.

Und dann kann das Spiel mit den Kegeln auf der Pitscheförter Ebene beginnen. Und ist nicht zu überhören. Die quadratische Kugel macht einen Höllenlärm, was bei ihren Ausmaßen kein Wunder ist. Groß wie ein Ochsenkopf, wenn nicht größer noch. Muß aber auch sein, die Kegel haben nämlich die Statur ausgewachsener Männer, wie sie im Villnöß normalerweise nicht wachsen. (Wobei eine kleinere Statur, sagen wir: gedrungen, im steilen Gebirgsgelände durchaus ihre mechanischmorphologischen Vorteile hat. Das gilt aber nicht für die Kegel der Pitscheförter Riesen. Für letztere, verständlich bei ihrem Namen, schon gar nicht.)

Den Villnössern aber gereicht es zum Vorteil, daß die Kugel der Pitscheförter Riesen, und die Kegel, wenn sie fallen, ein dermaßiges Getöse ergeben. Dann sind sie nämlich gewarnt. Und meiden die Pitscheförter Ebene. Man möcht sich mit keinem Riesen nicht anlegen.

Und man sagt, wer es trotzdem getan, war perdü.

Als aber eines Abends ein Villnösser, von dem die Villnösser selbst gesagt, daß er ein Taugtzunichts, einer, der den ganzen Tag nichts arbeitete und den ganzen Tag nichts als sang, als dieser Taugenichts eines Abends sich durch den Wald Richtung Lichtung schlich, weil ihn das Getös seit langem, heut aber letztlich wie endlich dermaßen inkuriosiert, daß er nun sehen und wissen wollte, was es damit auf sich habe, nun ...: Es sollte nachher nichts mehr wie vorher sein.

Denn wie er da, der Villnösser, am Lichtungsrand hinterm Baum versteckt, sich ganz verwundert die Augen rieb ob des munteren Kegelspiels der Pitscheförter Riesen, geschah es. Wie der Teufel wollte, ging ein Kegelschub dermaßen daneben, daß alles durch die Luft flog, die quadratische Kugel aber an einem Felsen zerschellte, und zwar dermaßen, daß ein Teil von ihr, golden aufleuchtend, direkt vor den Füßen des Taugenichts landete. Woraufhin der sofort im Wald verschwand, mit dem Kugelstück. Und fürderhin ein gemachtes Leben hatte.

Die Pitscheförter Riesen aber standen erst ratlos da, einen Augenblick lang, und gesenkten Hauptes, was den Dreiköpfigen betraf.

Schließlich beschlossen sie, diesen unerhörten Vorgang als Zeichen des Himmels zu sehen, und die unglückliche Gegend zu verlassen. Die lieben Villnösser konnten ihnen gestohlen bleiben.

Während der Jüngste die Schafe zusammentrieb, beredeten sich die Altvorderen und beschlossen, über das Joch Richtung Seres zu der Alm Munt de Fornela zu ziehen, auf die andere Seite der Pütia – den Villnössern als Peitlerkofel bekannt –, um dort aufs Neue ihr Glück zu suchen. Gottseidank lag in ihrem Schatzversteck im Inneren der Pütia noch eine Ersatzkugel.

DER BRENNERGEIST

Am Brenner, der außer einer Wasserscheide, und damit ein Paß, auch noch ein feuchtkaltes Loch ist, hauste ein Geist, der selbst unter seinesgleichen in Verruf stand. Nämlich, ein ziemlich eigensinniger Geist zu sein. Um es freundlich zu sagen. Und so hatten sich die anderen Geister des Landes, vor einiger Zeit schon, verabredet und dem Geist in deutlicher Sprache nahegelegt, sich gefälligst zu verziehen. Aus ihren sonnenbeschienenen Geisterlanden. Und, wenn er schon nicht auswandern wollte oder sonstwie aus dem Leben, sich auf jeden Fall auf den Brenner zurückzuziehen. An dem nämlich lag keinem der Geister etwas. Zu feuchtkalt, zu windig. Irgendwie zu unfreundlich. Und eigentlich nur dazu da, um von A nach C zu kommen. Via B, eben, über den Brennerpaß.

So saß er also da, der Geist, am Brenner, hatte sich nolens volens den unverhohlenen Drohungen seiner Artgenossen gebeugt, und saß am Brenner, und blies Trübsal. Und ward fortan der Brennergeist.

Große Gestaltungsmöglichkeiten hatte er da am Brenner nicht, anfänglich. Da wohnte sonst keiner, und Passanten gab es auch kaum.

Das eine mal kam ein Ötzi vorbei, zum Beispiel. Dem er aber mit seinem Geheul eine dermaßige Angst einjagte, daß der Ötzi um seines Lebens willen beschloß, beim nächsten Übergang über den Alpenhauptkamm lieber den steileren Weg übers Hauslabjoch zu nehmen. (Was dann allerdings auch schiefgehen sollte.)

Dann kam wieder eine Zeitlang gar keiner vorbei, außer Ziegenhirten auf der Suche nach versprengtem Vieh. Die aber waren so verdreckt, daß man sie kaum erschrecken konnte. Eher andersrum.

Dann kam wieder eine Zeitlang gar keiner vorbei.

Hannibal kam auch nicht vorbei. Der hatte gerüchteweise vom Brennergeist gehört und beschlossen, lieber über den Col de la Traversette zu ziehen, obwohl der dreitausend Meter hoch. (Auf diese Weise kam der Brennergeist nicht in den Genuß des Anblickes von Elefanten. Bis ins ferne Jahr 1552, als Elefant Solima am 5. Januar übern Brenner kam. Da es aber die Nacht der Befana, war der Brennergeist anderweitig beschäftigt. Also war es auch diesmal nichts mit den Elefanten, für den unseren.)

Dann kam wieder eine Zeitlang gar keiner vorbei. Undsoweiter.

Dann ein paar Römer. Und zwar, wie bei Römern üblich, das wissen die heute noch in Corvara und Cortina d'Ampezzo, in Scharen. Denen blies der Brennergeist dermaßen auf die Sandalenzehen, daß sie ihnen reihenweise abfroren. War aber dem Cäsaren egal. Und er schickte noch mehr Römer, die er sich zuvor bis ins Afrikanische hinunter eingesammelt hatte. Um nach Norden zu ziehen. *Germania omnia divisa*, und so. Dazu aber mußten sie zuerst über den Brenner, seine *milites*. Wonach eine ganze Reihe von ihnen die *sinepollices*, die Zehenlosen, genannt wurden. Und einen Sitzposten in der Gemüseküche bekamen.

Dann kam wieder eine Zeitlang gar keiner vorbei. Der Brennergeist hatte sich inzwischen längst in seine Lage gefunden, fand sie ziemlich trist und seinen Rücken inzwischen etwas rheumatisch.

Entsprechend unenthusiastisch war er denn auch inzwischen, was das Zutodeerschrecken von Durchreisenden anging. Dem einen Saufkopf zum Beispiel, der, direkt an der Wasserscheide stehend, im Jahre 1830 lauthals herumgrölte. Und immer nur das Eine wiederholte, nämlich *Ich bin August, des großen Goethe großer Sohn. Italien, ich komme! Je reviens!* Der Brennergeist hatte sich resigniert abgewandt. Massentourismus, stilloser.

So macht das keinen Spaß mehr, sagte sich der Brennergeist. Und zog sich zurück. Aufs Altenteil. Wurde gelassener, ruhiger. Abgeklärter. Begann mit Yoga. Und sang ab und zu ein Lied, vor sich hin. Begann, Lieder zu erfinden. Und sang weiter. Und verbrachte so seine nächsten Zeiten. Und wird sie wohl weiter noch verbringen.

Jahräonen später noch kann man den Brennergeist hören, in windigen Nächten. Wie er singt.

(Und weil er, immer noch, etwas eitel und sonderlich, hat er seinem Gesinge auch Titel verpaßt. Als ob, je, das jemanden interessieren würde.)

Die Moritat vom Brennergeist

Es sind seit je die Moritaten
so saftig wie ein Schweinebraten.
Und so geht diese hier:
Ein Dutzend Höllen hab ich schon
durchschritten. Ein Dutzend Paradiese
ebenfalls. Und falls ich falle, sind es diese,
die zerbrechen, nicht mein Hals.
Ich bin der Brennergänger, bin der Brennergeist.
Geh über Grenzen. Treppen. Autobahn. Und
    übers Gleis.

Ein Dutzend Höllen und ein Dutzend Paradiese,
das ist der Rosen Kranz aus hier und jetzt.
Und geh ich morgen auf die Reise, so
ist, ich weiß, mein Platz längst schon besetzt.
Bin der Brennergänger. Bin der Brennergeist.

Ich sah hier alles. Und ich hörte jedes Reden,
im Lauf der Zeit. Und Frieden
war und Krieg. Geschäft und Niedergang.
Und Durst und Hunger satt. Ich immer mitten-
    mang.
Dem einen hab die Nas ich langgezogen,
dem anderen ein Bein gestellt. Doch meist
sah ich nur zu. Dieweil die Welt vorüberreist
an mir, dem ewiglichen Brennergeist.
So weit der Mori Tat. Und jetzt behend
die Treppe hoch bis an ihr End.

VON DEN SCHNABELMENSCHEN

Hinten, ganz hinten im Gsieser Tal, da, wo es langsam himmelan geht, in der Nähe der Gegend, die man das Gsieser Törl nennt, lebten, sagt man, die Schnabelmenschen.

Sie waren so großgewachsen, daß man sie bisweilen auch als Riesen beschrieb, und anstelle eines Mundes hatten sie einen Schnabel, auch der nicht klein. Meist wohnten sie in ihren Höhlen zwischen den Felsblöcken, die ein wütender Gott im hintersten Gsieser Tal nach einem verlorenen Würfelspiel hingeschmissen hatte, und fühlten sich wohl.

Der Moosbauer, der hinterste Bauer im Gsieser Tal, war zuständig für ihr Frühstück. Er mußte vor dem Schlafengehen eine große Pfanne Mus vors Haus stellen und durfte vor dem Hellwerden seine Nase nicht mehr zur Tür hinausstrecken. Wenn er das eine oder andere vergaß, richteten die Schnabelmenschen Schäden an, auf seinem Hof oder auf einem anderen, wie sie grad lustig waren.

Und hungrig waren die Schnabelmenschen, tagein, tagaus. Sie nahmen sich dann den nächstbesten Ochsen, drehten ihn langsam überm Feuer und aßen ihn bis auf die kleinsten Reste, die sie von den

Knochen nagten, auf. Dann nahmen sie die Knochen, warfen sie hinter der Mistlege des Hofes, von dem der Ochse stammte, zu einem Haufen und legten die Haut darüber. Schließlich sagten sie leis murmelnd einen Spruch auf, der Knochenhaufen bewegte sich langsam wieder, und am Ende stand der Ochse, lebendig, aber ziemlich abgemagert, auf zittrigen Beinen da. Darauf gingen die Schnabelmenschen zum nächsten Hof und holten sich noch einen Ochsen. So ein Ochs, auch wenn ausgewachsen und gut genährt, ist nichts als ein kleiner Happen, für einen Schnabelmenschen.

Es wird zwar behauptet, die Schnabelmenschen hätten den frömmsten und fleißigsten der Bauern ab und an bei der Heuarbeit auf den steilsten Hängen geholfen, aber man weiß nicht, ob das wahr ist, es war schließlich von der Kanzel herunter verkündet worden. Auch daß, wer frühmorgens fleißig zur Messe ginge, den Schnabelmenschen einfach zurufen konnte, sie sollten herunterkommen und für ihn arbeiten, und daß die Arbeit, kam man von der Messe wieder, getan war. Wer aber nicht zur Messe ging, mußte sich sein Heu selber machen, und wenn für den nächsten Tag Regen drohte oder die Mahd besonders steil war, konnte es sein, daß auch noch nach dem Betläuten weiterzuarbeiten war. Das aber, wieso auch immer, scheint den Schnabelmenschen nicht gefallen zu haben. Sie haben denjenigen, geht die Sage, dann mir nichts, dir nichts in tausend Stücke gerissen. Wohl auch, ohne ihm anschließend die Haut samt Spruch über die Knochen zu legen.

Einmal aber ist selbst ein Schnabelmensch erschrocken. Neun Mannsleut hatten auf der Pidig-Alm in einer Schupfe übernachtet, höchstwahrscheinlich hatten sie sich zu lange im Defreggen herumgetrieben, auf jeden Fall kam ein Schnabelmensch nächtens nichtsahnend in die Schupfe. Die Burschen wurden alle auf einen Schlag wach und hoben die Köpfe. Da grauste dem Schnabelmenschen, und er sprach:

> Bin neunmal alt
> und neunmal neu
> Neunköpfig Tier im Heu
> macht mich scheu

Und entschwand. Seither geht bei den Schnabelmenschen eine neue Sage um.

Ob die Schnabelmenschen regierungslos lebten oder doch unter einem König, ist längst nicht mehr auszumachen. Auch wenn sie mit ihrem Benehmen wohl auch selbst einem König übel mitgespielt hätten. Man sollte also der Geschichte, laut der ein gewisser Herzog Ernst den König der Schnabeltiere getötet habe, um eine indische Königstochter zu retten, zweimal nicht glauben. Wie auch hätte eine indische Prinzessin ins Gsieser Tal finden sollen, wo doch heute noch, sagt man, keine Eisenbahn hineinführt und auch die Fuhrwerke nur sehr vereinzelt fahren.

Als dann, irgendwann, ein Reisender ins Tal kam und abends im Wirtshaus erzählte, er hätte im tiefsten Afrika Schnabelmenschen zwar nicht gesehen, aber von ihnen reden gehört, und sie sähen genau so aus, wie man ihm eben die Gsieser Schnabelmenschen beschrieben hätte, nur daß sie schwarz seien, da blieben die Schnabelmenschen vom Gsieser Törl von einem Tag auf den anderen für immer verschwunden.

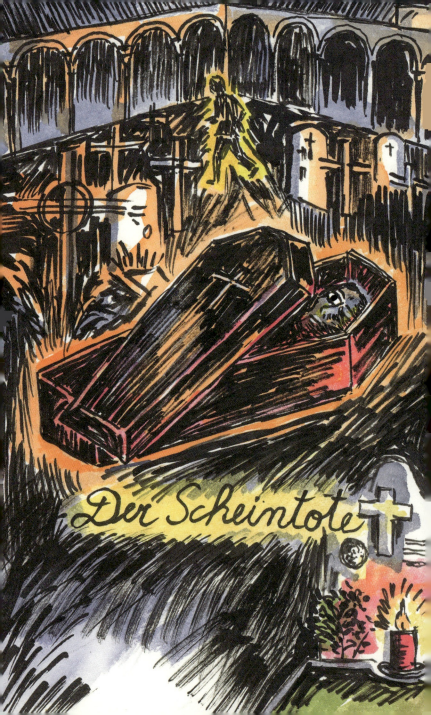

DER SCHEINTOTE VON MADERNEID

Maderneid ist ja, wenn man es nicht weiß, und wer will schon sowas wissen, Maderneid ist schwerstens geschlagen. Weil Maderneid viel von sich hält. (Und mehr noch, von sich, seit es ganze zweimal in die Literaturgeschichte eingegangen ist. Als Titel.) Dabei handelt es sich bei Maderneid um nichts als einen Weinbauernhof, wenn auch einen ziemlich stattlichen, selbst für Überetscher Verhältnisse. Um den zu versaufen, müßt man als Herr von Maderneid sich und seine Leber schon arg anstrengen. In die Gefahr kommen wir aber nicht, bei Lebzeiten. Die Klassenfrage ist schließlich klar geregelt.

Einem Herrn von Maderneid war, beide eher jung noch, eines Nachts die Frau gestorben. Die Trauer war groß. Denn die beiden hatten sich, ziemlich untypisch für das Maderneider Gesippe, wirklich und treuherzig geliebt.

Der Herr von Maderneid nahm den Leichnam seiner Frau und vergrub ihn im Weinkeller des Maderneider Anwesens, zuunterst, und weinend, für sich, und meldete tags drauf frühmorgens seine eigene Beerdigung in der Familiengruft an, im hochherrschaftlichen Friedhof zu St. Pauls.

Des Nachts aber noch machte er sich auf nach St. Pauls, samt Sarg, plazierte den Sarg unter Ächzen und Stöhnen in die Familiengruft derer von Maderneid, und legte sich, schließlich, und leis aufatmend, in denselben. Zog den Sargdeckel über sich. Und genoß die Dunkelheit. Und genoß die Ruhe. Und trauerte.

Was ihn anging, war es das gewesen. Mit dem Leben. Da aber, des Nachts noch, machte sich jemand an seinem Sarg zu schaffen, und am Sargdeckel, und schließlich an seiner Hand. Und wollte den Siegelring des Maderneider vom Totenfinger lösen.

Da öffnete der Maderneider dann doch sein linkes Auge, leicht. Und sah: der Neffe. Und war so entsetzt ob dieser Grabschänderei, daß er am Herzen verstarb, auf der Stelle. Der Neffe aber, der ihm dann doch noch kurz ins Auge gesehen, flüchtete schreiend aus dem Friedhof. Ringlos.

Und verbreitete Stunden später das Gerücht, es sei der Mesner von Pauls gewesen, der sich dermaßen frevlich an dem Maderneider vergangen. Eines schmählichen Ringes wegen.

Der Mesner von Pauls aber, ein grundgütiger Mann, schüttelte nur den Kopf und sagte: »Was müssen auch die Maderneider hierher zu liegen kommen wollen.«

Der Weber Beda hat das alles vollkommen falsch erzählt. Weil er der Maderneider Nachkommenschaft geglaubt hat, der verkommenen. Und dann der Mumelter auch, natürlich. Der war ein Bozner, und hatte sowieso keine Ahnung. Außer vom Adolf Nazi.

»Maderneid ist eine Schweinerei«, schreibt n. c. kaser in seiner Brixner Rede. (Er schrieb auch sonst einiges.) Recht hat er, der Kaser, und meinte des Mumelters Maderneid-Roman. Der ist in Erstausgabe im Jahre (des Herrn) 1944 bei und für Zsolnay in Wien gedruckt worden. Und wurd prompt wie komplett »Opfer« eines Bombenangriffes. Noch in der Druckerei. Das nennen wir dann eine antifaschistische Literatenkritik.

DIE KLAAMANDELN
UND DAS WETTER
ÜBER MAULS UND TRENS

Am Berghang zwischen Mauls und Trens, knapp unter dem Gipfel, den man den *Höllenkragen* nennt, und das ganz zu Recht, in dieser unwirtlichen Gegend findet sich, seit jeher schon, ein berüchtigtes Wetterloch.

Sowas kommt aber nicht von alleine. Und nicht umsonst.

Es war nämlich diese Gegend bei dem heutigen *Höllenkragen* oben ursprünglich und eigentlich eine durchaus lebbare Welt gewesen, bewohnt von Gestalten, die man inzwischen *die Klaamandeln* nennt; wie man sie aber zu den Zeiten, von denen jetzt zu berichten, genannt, falls überhaupt, davon wissen wir Heutigen nichts. Die Klaamandeln waren, wie sich aus ihrem Namen ablesen läßt: kleine Leute. (Und sind mit den Klabautern der Weltenmeere nicht verwandt.)

Kleine Leute jetzt, was ihre Leibesgestalt angeht. Denn darüber hinaus ging es den Klaamandeln, erzählt man sich, ursprünglich recht gut. Sie lebten da oben am Berg, arbeiteten manchmal auch im Berg, und gingen den Rest des Tages einer bequemen Feldarbeit auf einem Wiesenhang nach, der überraschend und erfreulich unsteil im Gebirgsgelände lag. Das hätte ewig so weitergehen können.

Wenn nicht eines Tages, und keiner konnte damals sagen, wieso, und keiner kann es heute sagen, wir also auch nicht, bis eines Tages unversehens ein fürchterliches Wetter über dem Berghang zwischen Mauls und Trens aufzog, knapp unter dem Gipfel des *Höllenkragens*. Und es wetterte abscheulich, und es wetterte andauernd, tagelang, und den Klaamandeln blieb nichts anderes, als sich zu verstecken, so gut sie konnten. Und nur ein Teil von ihnen überlebte. Und die hatten noch Glück. Denn nach den unzähligen Tagen dieses abscheulichen Gewetters barst der Berg mit einem Krach entzwei, und ein guter Teil stürzte zu Tale, und nahm den freundlichen Wiesenhang mit, und ihre Behausungen an dessen Rande. Und dann stürzten auch noch die Stollen im Berg ein. Und von einem Tag auf den anderen war den Klaamandeln nichts mehr geblieben. Sie saßen fest, da oben auf ihrem inzwischen noch steiler gewordenen Berghang. Und wußten kaum ein oder aus. Die Arbeit im Berg verschütt. Das Korn mit der Wiese verloren. Die Herdstatt verkommen. Verzweiflung griff um sich.

Da zog eine letzte Wolke über sie hinweg, dahinter blinzelte schon, als ob nie was gewesen, die Sonne. Da hörten sie eine Stimme aus der Wolke.

> Das Wetter war nich euerwegn
> Das Wetter war weg' den' dadrunt
> Das Wetter hat enk alls genomm
> Das Wetter wird enk bißl gebn

Aufs erste konnten sich die Klaamandeln keinen Reim darauf machen. Dann aber stellten sie fest, und seither leben sie recht gut damit: Wann immer ein Gewitter aufzog, braute es sich über ihren Köpfen, also am Höllenkragen, zusammen, und zog dann los, einmal das Tal hinauf, ein anderes Mal das Tal hinunter, und über Äcker und Felder im Tal unten hinweg. Und wo immer es dann hagelte, war es um die Ernte geschehen. Zumindest zum Teil. Und die Vorratskammer der Klaamandeln füllte sich, wie durch Zauber, mit der entsprechenden Menge Buchweizen und Roggen und was auch immer der Hagel sich da unten im Tal gerade geholt hatte.

Und damit konnten die Klaamandeln gut leben. Und nahmen gelassen in Kauf, daß ihr Ruf im Tal unten nicht der beste war, der Wetterschäden wegen. Als ob sie was dafür ...

Was die Leut in Mauls und Trens, was die Leut im Tal unten aber dermaßen Grausliges angestellt, damals, daß das Wetter den halben Berg auf sie hinabgelassen: Wir werden es wohl nie erfahren. (Geschichte wird durch die Sieger geschrieben. Und das blieben, anscheinend und am End, dann doch die im Tale unten. Geschichtenerzähler aber sind andere.)

DIE WECHSELWIESEN VON FLAAS

Es ist seit jeher die Frage, wieso die Wechselwiesen ober Flaas denn nun eigentlich wirklich *Wechselwiesen* heißen. Und wie immer, wenn sich Fragen stellen, ranken sich, zumindest in den glücklichsten Momenten, Geschichten darum.

Flaas, das hoch oben, also am höchsten Tschöggelberg liegt, war seit je eine eher abgelegene Gegend, entsprechend war auch die Bevölkerung knapp. Und trotzdem, da so gut wie alles, was da werkte und wohnte, der Bauerschaft nachging, kam es im Landwirtschaftlichen zu den ein oder anderen Händeln. Zumeist um die Grenzsteine oder Grenzpfähle (nicht immer war das Geld da für einen richtigen Markstein), die der eine oder andere des Nachts gern um ein paar Meter versetzte, zum schnöden Zwecke der Selbstbereicherung. Und des so wechselnden Besitzes wegen, und weil das wohl anscheinend häufiger vorkam, wurden die entsprechenden Wiesen, die bezeichnenderweise die flachsten aller steilen Flaaser Wiesen waren, und also um so begehrlicher, die Wiesen wurden also die *Wechselwiesen* genannt. (Sie liegen, wer sie aufsuchen möcht, zwischen dem *Leber* und dem *Weber*.)

Diese fraudolenten Grenzverschiebereien aber wurden gern vom Schicksal entsprechend bestraft. (Das war noch in Zeiten vor der Ordentlichen Gerichtsbarkeit. Und weit vor unseren Zeiten, in denen Diebstahl, so das Ausmaß nur groß genug, mit steigenden Börsenkursen belohnt wird.)

Also hatte ein besonders renitenter Grenzversetzer alsbald zu sterben und, schlimmer noch, den Rest seiner Existenz lang als irrender Geist (der er ja auch vorher gewesen war) nächtens über die Flaaser Wechselwiesen zu ziehen, und zu jammern: »Wo steck ich ihn ein, den Grenzpfahl, wo steck ich ihn ein?«

Und er würde heute noch so umgehen, des Nachts, als Gespenst seiner selbst, zum Schrecken aller Gottesfürchtigen, wäre nicht in einer heftig verregneten Nacht ein ebenso heftig Betrunkener bergan gegangen, dem in seinem Rausch nichts besseres einfiel, als den Geist grob anzufahren. »Du depperter Dolm, du, wo wirst ihn einstecken? Wo ihn hergenommen hast, wo denn sonst, grausliger Geist, du.« Und obwohl er dabei etwas lallte, verstand der Geist. Tat wie geheißen. Und ward erlöst. Und verschwand.

Später dann bedurfte es keiner Geister mehr, um die Sache mit den Grenzen der Wechselwiesen zu regeln. Der Regent hatte nämlich den Flaasern (und Campidellern) eine eigene Gerichtschaft zugestanden, und zwar im Jahre 1272. »*Chund sei getan allermenigklich, den diser brief furkumpt, dasz wir Main-*

hart (...) ettelich leut der pharr Melten, benantlich in Valas und Campedell gesessen, mit der besundern gnaden haben für gesehen, (...) dasz si hinfür frei und ausgezogen sein sullen. (...) Waz auch klainer sach auszurichten, mugen si in selben ein richter erwelen, der sie darezu fuglich dunckt und vor demselben daz recht nemen und geben.« ***

Und so gaben und nahmen sich die Flaaser ab jetzt, auch in Sachen der wechselnden Grenzen der Wechselwiesen, vor ihrem von ihnen als füglich anerkannten und ernannten Eigenrichter, ihr Recht. Und waren damit weitum die einzige kleine Ansiedlung, der so ein Recht zugestanden. Dem Fürsten aber war es auch recht, war doch der Weg nach Flaas sehr steil und sehr weit. Da ist bald Recht getan.

Die eigengerichtliche Herrlichkeit der Flaaser funktionierte eine ganze Zeit lang mehr oder minder gut. Und keiner wollte sich mehr der Geister der Wechselwiesen entsinnen. Woraufhin der Frevel zunahm, wie üblich. Bis eines Tages und vollkommen unerwartet ein grobes Wetter über die Gegend kam. Regen und Regen und noch mehr Regen, und das über Wochen. Die wenigen Bibelkundigen schüttelten besorgt den Kopf.

*** *zitiert nach: Ignaz V. Zingerle. Die Tirolischen Weisthümer. Im Auftrag der Kaiserlichen Akademie der Wissenschaften. IV. Theil. Burggrafenamt und Etschland. Erste Hälfte. Wien 1888, S. 184 ff.*

> Maledetta pioggia
> e d'estate rovini
> il fieno dei contadini
> > Verdammter regen
> > des sommers verwüstest
> > du der bauern heu

Und es sah alles schon nach einem Weltuntergang aus. Und die Grenzsteine und die Grenzpfähle auf den Wechselwiesen längst kein Thema mehr, da das Unwetter längst halbe Wiesen bergab geschwemmt hatte. Als endlich der Winter kam. Und der Dichter sang.

> Maledetta pioggia
> Almeno d'inverno ti fai
> neve. e copri i danni tuoi
> > Verdammter regen
> > Wenigstens wirst du winters
> > zu schnee. und deckst
> > deine verwüstungen zu ***

Man sieht: Das eine Mal hat ein Betrunkener, das andere Mal ein Dichter die Flaaser gerettet. Ob es beide Male ein und derselbe war, verrät uns die Sage nicht. Könnt aber sein.

*** zitiert nach: n.c. kaser. pioggia d'ottobre. flaas, 061075. In: Norbert C. Kaser. Gedichte. Gesammelte Werke Band I. Haymon Verlag, 1988. Übertragung ins Deutsche durch K. L.

VOM ĆIASTEL DLES STRIES ZU DEN 'MERICHE, UND RETOUR

In der Gegend von Mareo weiß man seit jeher von einem Schatzschloß, einem verwunderlichen. Es können aber auch deren zwei sein, so verschiedentlich ist das, was sich die Leute dazu zu sagen haben.

Da ist, um etwas Ordnung in die Sache mit den Schätzen und den Schlössern, den Geistern und den Hexen zu bringen, da ist zum einen le ćiastel dles stries, das Hexenschloß, und da ist dann das Schloß des Orco, einem Unwesen, vor dessen boshaften Scherzen man nur warnen kann. Abscheulich anzusehen ist er zudem, der Orco.

Die Sache mit den Schätzen in diesen Schlössern ist, daß es immer wieder einen armen Hund gibt, der hofft, sich einen solchen Schatz und damit einen Platz in der Gesellschaft zu erobern. Und genau deswegen wird, immer, davor gewarnt, daß so ein Abenteuer um des Schatzes wegen übel ausgehen wird. Der Übermütige an Leib und Leben, wenn nicht gar Verstand, bestraft wird. Auf daß alles beim Alten.

In jüngerer Zeit nun haben sich, zu den Schätzen und ihren Bewachern, wie man hört, neue Herausforderungen hinzugefügt. Angelo Trebo erzählt uns, in Le scioz de San Jênn, wie ein junger Mann seine Angebetete nicht heiraten darf. *** Weil er nämlich mittellos, schon gar im Vergleich zu ihrem Vater, einem steinreichen Großbauern, und dem Vater des anvisierten Bräutigams, dem zweitgrößten Bauern in der Gegend. So daß, würde man die beiden Königskinder verehelichen, eine Hoflandschaft gewaltigen Ausmaßes und Reichtums entstehen würde. Gloria mundi. Das aber will der mittelose Verliebte, der von Frau Tochter innig wiedergeliebt wird, so nicht geschehen lassen. (Und singt, wir sind immerhin in einer opereta: »Jetzt weiß ich, was ich wert bin, ein Dieb, ein Faulpelz, der linke Schächer.«) Und also macht er sich, auf Anraten und mit Unterstützung von Bêrto, dem Wurzelgräber und Dorfnarren, wenn wir so wollen, in der Nacht des hl. Johannes, der ehemals heidnischen Sonnwendnacht, zum Schloß auf, in dem, der Sage nach, in ebendieser Nacht der Schatz des San Jênn erblühen soll.

*** *In den Jahren 1885 und 1886 verfaßte der junge Dichter Angelo Trebo (* La Pli, 1862) zwei Libretti, Le ćiastel dles stries und Le scioz de San Jênn. Vertont wurden sie von seinem Freund, Jepele Frontull, meinem Urgroßvater. Die Uraufführung der zweiten opereta im April 1898 erlebte Angelo Trebo nicht mehr. Er war ein Jahr zuvor an einer Lungenkrankheit verstorben.*

Und es kommt, wie es kommen soll, die beiden haben einige Prüfungen zu bestehen, gefährliche Wasser und Feuer und Geister, aber Dorfnarr Bêrto hat für diesen Fall einen Tip, *al ne donta nia, sc'an ne s'an fej nia denfòra, es passiert nichts, wenn man sich nichts draus macht*, und wirklich, schlußendlich stehen sie vor einem dürren, alten Männchen, und eigentlich wäre es jetzt Zeit für den Schatz. Das Männchen aber übergibt ihnen nichts als einen Brief, samt der strengen Auflage, ihn ungelesen dem Großbauern zu übergeben, sofort. Ende der Veranstaltung. Die beiden tun, wie ihnen geheißen. Der Großbauer öffnet den Brief, und erbleicht.

Denn hier jetzt setzt die Moderne ein und hält eine Überraschung bereit. Es stellt sich heraus: Grundlage des Reichtums unseres Großbauern ist ein Darlehen von 20.000 Gulden (oder Dollar), das dieser von einem Freund erhalten, der lange vorher nach Amerika ausgewandert. Und als der Darlehensgeber verstorben, dachte sich der nunmehr reiche Bauer, die Sache wäre damit ausgestanden. Stünde nicht, jetzt, in diesem Brief, den er unter den Augen aller eben gelesen, daß der amerikanische Freund die Darlehensschuld seinem Patenkinde vererbt. Und damit der reiche Bauer auf einen Schlag arm, und der Habenichts reich. Und also heiratswürdig. Und Frau Tochter ist glücklich.

Das war es aber noch nicht ganz mit le 'Meriche, den erstaunlichen Amerikas. Angelo Trebo, der in seinem jungen Leben nie weiter als bis zur k. u. k.

Lehrerbildungsanstalt der Landeshauptstadt gekommen ist, erzählt in Le ćiastel dles stries von dem Hexenschloß, von dem im Mareo seit jeher die Rede ging. *** Zudem soll der Ort auch die Heimstatt des Orco sein, eines durch und durch ennebergerischen Lokalgeistes. Das eine Mal stellt man ihn sich als eine Art Teufel vor (malan), das andere Mal als riesigen, schwarzen Vogel, feurig anzusehen und mit einem Feuerschweif im Flug. Und dann sind da noch die Hexen.

> Al vën tan scür y net
> les stries bala 'ncërch
> a odëi sce düć è t'let
> La löna lunc y lerch
> lomina desch' arjont ****

*** *Und der Calfoscher Jan Battista Alton schreibt 1895: »Die von La Val wollen seit jeher etwas besonderes sein, meinen sie. Und so haben sie auch einen gänzlich anders gearteten orco als wir anderen Ladiner.« Meine Übersetzung, in: Jan Battista Alton. Proverbi, tradizioni e aneddoti delle valli ladine orientali con versione italiana. Wagner, Innsbruck 1881. In diesem Band verweist Alton im übrigen darauf, daß der »Gewährsmann« für den größeren Teil der Sagen aus Mareo/Enneberg Angelo Trebo gewesen sei.*

**** Es wird so dunkel und Nacht
die Hexen tanzen umher,
um nachzuschauen, ob alle im Bett sind
Der Mond weit und breit
leuchtet wie Silber

in: Angelo Trebo / Jepele Frontull. Le ćiastel dles stries. 1885. Siehe auch: André Comploi. Le ćiastel dles stries. Edition, Rezeption und Analyse der ersten ladinischen operetta im kulturgeschichtlichen Zusammenhang. Istitut Ladin Micurà de Rü. San Martin de Tor, 2010

Da sind sie, die Hexen, kaum daß es dunkel und Nacht geworden, und sie tanzen, die Hexen, und sehen nach, ob wohl auch alle im Bett liegen. Und der Mond leuchtet, breit und weit, wie Silber.

Und wieder können zwei junge Verliebte nicht zusammenkommen, Maria und Merch. Da, diesmal, der Merch des Diebstahls angeklagt. Und Ruf also dahin, obwohl er eigentlich, zuvor, in Wien auf Ingenieur studiert. Ihm bleibt nichts, als den Seinen einen Brief zu hinterlassen, in dem er mitteilt, er sei unschuldig und zudem gerade nach Amerika geflohen. In den nächsten Nächten leuchten Lichter auf am Hexenschloß. Und wieder machen sich zwei auf, den Schatz zu heben. Und treffen dort auf einen eigenartigen Teufel. Der, stellt sich heraus, niemand anderes ist als der nach Amerika geflohene Merch, der in der Nähe seiner Liebsten bleiben wollte. Und deswegen im Hexenschloß herumlichtert. (Das Ende ist dann bald erzählt: Der eigentliche Dieb wird gestellt, die Liebenden finden endlich zueinander, Wein wird aufgetragen, der Chor singt.)

Und der *Malan*, der *Orco* und die *Stries* sind vergessen, bis zum nächsten Mal.

DIE NICHTE DER NIXE

Die Sache mit der Nichte der Nixe steht folgendermaßen, und sie steht nicht gut. Und also: Es ist kein einfaches Leben. Die Nichte der Nixe zu sein, als Nixe.

Denn die Tante unserer Nixe ist, war und wird immerdar sein von einer überwältigenden, sozusagen weltumspannenden Berühmtheit, *der* leuchtende Fixstern am Nixenhimmel respektive im Nixensee, zu Lebzeiten bereits ein Denkmal, wenn auch, gern, ziemlich kokett.

Man muß das nicht mögen, wird aber trotzdem respektieren, daß diese Nixe aller Nixen tatsächlich, neben ihrem beachtlichen Lebenswerk über die Jahrhunderte, und wiewohl noch einiges an Wirkenszeit vor ihr liegt, in der Mitte ihres Lebens ein wahres Juwel, einen Smaragd, Rubin, Topas, Citrin, Saphir, Lapislazuli, Türkis und Amethyst da hingelegt, aufgereiht wie ein Regenbogen, an den Karersee. Als sie nämlich den, einstens, weltberühmten Hexenmeister vom Masaré harsch in seine Grenzen wies. Dermaßen, daß der seither auf Nimmermehr verschwunden, ins Nichts der Zeitenläufe. (Wahrscheinlicher aber Abspüler in einem zwielichtigen Lokal irgendwo im Thailändischen.)

Die Nixe aber ein einziger Nimbus unter ihresgleichen.

Da sei mal Nixe, als Nichte dieser Nixe, und in deren Schatten. Wo du doch so sonnenliebend. Und also Aufstand, und Revolte. Die Üblichkeiten der Pubertät, wie wir Heutigen sagen würden. (Und damit heut wie damals falsch lägen.) Und da Nixen nun einmal auch nach ein paar hundert Jahren nicht abtreten, ja nicht einmal die allerkleinsten Nasolabialfurchen abbekommen, war der Nichte der Nixe nur ein Ausweg geblieben. Der der Revolte. Seither sagt sie: Revolte ist gut. Und lächelt ihr verzauberndes Nixennichtenlächeln.

Und treibt ihre Scherze. Und macht sich ihren eigenen Spaß. Und zwar immer heftiger. Zumal die Nixe der Nichte der Nixe zwischendurch durchaus aufmunternd zugenickt. Nur zu.

Und als unsere Nichte dann, eines Tages, noch eins drauflegt, und in einer sternenklaren Nacht, rund um den See ist *tout court*, alles, was Rang und Namen, und auch die Namenloseren, aus der Nixenwie Geisterwelt ausgelassen am Feiern, Tanz und Gesang und ein fettes Buffet, und zwischendurch ein Sprung ins Karerwasser, zur Abkühlung, da, unverhofft, mit einem Mal, begleitet von Donnerschlägen aus heiterem Himmel, erscheint in der Felswand des Latemar ein ganzes Heer von irrlichternden Feuern, alles klatscht ob der gelungenen Überraschung, die Feuer aber, koboldhaft, fliegen herum und gruppieren sich immer neu, bis sie, endlich, ein Schriftbild bilden. Woraufhin dann, als alle gelesen, es still wird am Karersee. Denn da steht, in flackernden Feuerlichtern, oben in den Latemarfelsen, bestens lesbar, geschrieben, als ob hingesprayt: batlh Daqawlu'taH.

Man schaut sich verwundert an.

»Das ist«, sagt da ein Kleinhexer, der nicht sehr bedeutend, aber weitgereist, »das ist, glaub ich, Klingonisch.«

Er soll übersetzen.

»Na ja,«, sagt er, »batlh Daqawlu'taH. Du wirst in Ehre unvergessen bleiben.«

Und? Er hebt nur die Schultern. »Das sagt ein Klingone normalerweise zu dem, dem er gleich die Kehle schlitzen wird. Aber was weiß ich schon. Bin nur ein Kleinhexer.«

Da gruppieren sich die Flackerfeuer neu, und da steht jetzt, in der Latemarwand, und zwar auf Nixendeutsch: *He! Zeit, zurückzutreten, Obernixe. Ämterhäufung, Filz, Oligarchie, Tyrannei. Den Jungen eine Zukunft. Und mögen Seerosen blühen unterm Karerpflasterstrand.*

Und dann wieder: batlh Daqawlu'taH.

Da weht ein Sturmwind wie die Wilde Fahrt durchs Gelände, verweht die Feuerschrift und verweht das Buffet am See, und die Frösche hören auf zu singen, und das nixliche Partyvolk schaut ebenso erstaunt und wie verschreckt, und da steht sie, die Nixe, strahlend in ihrem Abendkleid, auf dem Felsen am See, und sie hebt die Hand, und, schwupps, ist alles, was eben noch an Smaragd, Rubin, Topas, Citrin, Saphir, Lapislazuli, Türkis und Amethyst im See leuchtete, verschwunden. Der See ein einziges Schwarzes Loch.

»Ist es das, was ihr wollt?«, ruft die Nixe. »Nur zu, dann folgt ihr, meiner Nichte. Und ich gehe nach Marrakesch in Pension. Und überlasse die Sache hier einer meiner neunundneunzig Nichten. Aber *der* da, der sicher nicht. Hast du gehört, Nichte? Zufrieden?«

Da erscheint in der Wand, der Wind sich gelegt, eine neue Feuerschrift. *BIjatlh 'e' yImev yItlhutlh.*

»Hör auf zu reden und trink«, sagt der Kleinhexer. »Ich mein: Das steht da, sorry. Ich bin nur der Übersetzer.«

»Kleines«, ruft da die Nixe Richtung Felsen, »du weißt, du warst immer meine Lieblingsnichte. Aber. Wo auch immer du dich grad versteckst: *Dajonlu'pa'bIHeghjaj.* Ich kann nämlich auch etwas Klingonisch.«

»Mögest du sterben, bevor man dich gefangen nimmt«, sagt der Kleinhexer. »Ich übersetze nur.«

Man sagt, die Nichte der Nixe sei in dieser Nacht noch in den Untergrund gegangen. Und man sagt, also, die Sage sagt, die Kämpfe um Deutungs- und sonstige Hoheiten hätten jahrhundertelang angedauert. Das Gefels des Latemar seither noch zerklüfteter als je zuvor. Kollateralschäden, unvermeidbare.

Ich wär zufrieden,
wenn es so bleiben würde
Ich bin jetzt eben
alleine

Noch eine Weile
einig mal einig
Noch eine Weile
bitter mal hart

DIE PEST IN TAGUSENS UND AUF UNTERTSCHUTSCH

Auf Tagusens oben lebte, zusammen mit wenigen anderen, denn Tagusens hatte nur eine Handvoll Hofstätten, auf Tagusens oben lebte eine alte Frau. Und wenn sie nicht verstorben ist. Ist sie nicht. Erst starben alle um sie herum. Aber nicht sofort, sondern einer nach der anderen, der Pest wegen. Das zog sich hin.

Die Pest war vom Ritten her gekommen, hatte die tiefe Talfurche des Eisack gequert (da, wo heut die Autobahn steht), und war dann bergan gestiegen, bis sie, eines Tages, auch Tagusens erreicht hatte. Auf den Ritten aber war die Pest vom Morgendlande her angereist, sagte man, via Genova. Aber wer weiß das schon. (Was wir wissen, ist: Inzwischen hatte sich die Stadt Palermo längst, der Pest wegen, der *Santuzza*, der Santa Rosalìa geweiht. Und war dem Tagusener Schicksal, das erst noch zu Ende einzutreffen hat, zumindest teilweise entronnen.)

Und während auf Tagusens oben die Leut wegstarben und die alte Frau ihnen den letzten Dienst tat und sie beerdigte, mieden die Leute der Umgebung Tagusens, wie die Pest. Nur von der Talseite gegenüber, von Untertschutsch her, das zu Tanirz gehört, meldete sich ab und an einmal eine Stimme, laut rufend, bei gut stehendem Wind, und wollte wissen, wie viele denn in Tagusens noch lebten. Die alte Frau aber, die die Rufe wohl verstand, antwortete nicht.

Man muß nämlich wissen, daß die auf Untertschutsch drüben auch keinen besonders guten Ruf hatten. Geht doch die Sage, eines Abends hätte sich ein Knecht in der Stube auf die Ofenbank gelegt. Und wär dann aufgewacht, wie drei eher nobel Gekleidete leis in die Stube kamen, und aus einem Wandschränkchen Geld herausgeholt hätten, es sorgsam gezählt und wieder gezählt, dann ebenso penibel wieder in dem Wandschränkchen verstaut. Und dann gegangen wären. Der Knecht aber todesbleich. An dieser Geschichte stimmt nur eines: daß es auf dem recht herrschaftlichen Hof zu Untertschutsch einen Knecht gab. Mehrere sogar. Daß aber ein Knecht, wo immer auch, sich so mir nichts, dir nichts auf die schön wärmende Ofenbank legt und friedlich vor sich hin schläft ... Das nun stimmt ganz und gar nicht. Wann hätte man sowas je gesehen. Ein Knecht, auf der Ofenbank, und liegen! Und das mit den drei Geheimnisvollen und dem Geldschatz. Wer es glauben mag.

Aber die alte Frau glaubte so Zeug eher nicht, und die reichen Untertschutscher Bauern waren ihr auch nicht sonderlich ans Herz gewachsen. Also, wie gesagt, antwortete sie auch nicht auf deren regelmäßige Anrufungen.

Sagte lieber ein paar Zeilen auf, vor sich hin, immer wieder einmal, die ihr einst, vor der Pest, ein Vorbeikommender einmal vorgetragen. Als Dank für Brot und Käs.

> Noch eine Weile
> eisig mal eisig
> Noch eine Weile
> bitter mal hart ***

Bis die alte Frau eines Tages schließlich den allerletzten der Tagusener begraben hatte. Im schon steifgefrornen Boden. Höllenarbeit. Da rief es wieder aus Untertschutsch herüber. Wie viele denn noch übrig seien, auf Tagusens. Und wie es überhaupt so stünde.

Da endlich richtete sich die alte Frau auf, aus ihrem gekrümmten Rücken, und rief, mit überraschend lauter Stimme, und ein Wind wie eine Wilde Fahrt erhob sich hinter ihr und trug ihre

---

*** *Wie diese Verse aus dem Mund des Vorbeikommenden über den Mund der alten Frau schließlich in den 1960er Jahren ihren Weg in ein Manuskript des Dichters und Malers Franz Josef Noflaner fanden, kann (noch) nicht gesagt werden. Sicher ist: Letzterer benutzte schlußendlich eine Schreibmaschine. (Und das wissen wir, weil uns ein facsimile vorliegt.)*
Gedichtauszug zitiert nach: Franz Josef Noflaner. Dichter Worte. Ausgewählte Werke. Band 1. Haymon Verlag, 2016

Stimme hinweg über den Bach Derjon unten in der Schlucht bis nach Untertschutsch hinüber.

»Ich wär zufrieden, wenn es so bleiben würd. Ich bin jetzt eben alleine.«

DER HATZES
AUF HINTERTHAL

Ganz hinten im Jaufental drinnen, da, wo sonst keiner mehr, auf Hinterthal also, zog eines Tages ein neuer Bauer auf ein verlassenes, arg heruntergekommenes Gehöft, das, um die Wahrheit zu sagen, mit Höfl noch ziemlich großtuerisch beschrieben gewesen wäre. Aber der neue Bauer hatte eine Stange Geld hingelegt für das Höfl, zumindest für seine Verhältnisse. (Für einen Talbauern wär es grad mal die Anzahlung für ein neues Gewand gewesen, und das noch aus einfachem Tuch, und eine sehr geizige Anzahlung.)

Und so saß er nun da, auf seinem neuen Hof, der ein ziemlich alter, der neue Bauer, der noch recht jung.

Und schon ging das Gerede los, weiter draußen im Jaufental. Denn der Neue hinten in Hinterthal war übers Joch hergezogen. Unbeweibt, und mit einer ziemlich klapprigen Kuh, zwei Ziegen und einer Kraxe samt Pfanne und Schöpfer und zwei löchrigen Decken als ganzer Habe. Es war nämlich, der Neue, nicht nur übers Joch her zugezogen, aus dem Passeier, sondern dort ursprünglich auch noch nichts mehr als ein Knecht gewesen. Und das nicht einmal bei einem größeren Bauern.

Sowas, sagten die Jaufentaler, kann nicht gutgehen. Und mit rechten Dingen ginge es schon gar nicht zu, sagten die Jaufentaler. Und hatten auch schon einen Namen gefunden für den Neuen, um den sie ansonsten einen Bogen machten. Sie nannten ihn den *Hatzes*. Wegen der offenen Fragen. Wie hat es der geschafft, wie hat es sein können, wie hat es einer wie der, wieso hat's der Vorbesitzer, wie, wieso, weshalb: hat's, hat es, Hatzes.

Dem neuen Bauern auf Hinterthal aber, gewesener Knecht im Passeier überm Joch drüben, war das Gerede egal. Zumal er auf dem einen Ohr schlecht hörte. Und auf dem anderen, mit etwas gutem Willen, kaum mehr. Und guten Willen hatte er, der Hatzes auf Hinterthal, hatte sich sofort an die Arbeit gemacht, und jeden Tag neu, und hatte das Höfl nach einigen Monaten dermaßen aufgerichtet, das Dach geflickt, die Tür neu, die Fenster dicht und der Kamin, dazu eine neue Quellfassung und Holz vor der Hütt für den Winter. Und die ehemals ziemlich hagere Kuh war ins Fleisch gekommen und hatte, erstaunlicher noch, ein schönes Kalb geworfen, und die Ziegen sich zur schwarzbunten Herde vermehrt.

Die Jaufentaler draußen, denen das nicht entgangen war, was der Hatzes, der Knecht da, auf dem Hof als Bauer zustande gebracht, die Jaufentaler begannen zu reden. Um es kurz zu machen: Hatzes hin, Hexerei her. Anders konnten sie sich die Sache nicht erklären. Und das Gerede schwoll an und die Geschichten wuchsen, wie das Kalb wuchs: ins

Kraut. (Davon wuchs auf des Hatzes' Acker nämlich auch ganz schön viel, und recht schönes.) Und also erzählte man sich, hinter kaum vorgehaltener Hand, daß der Hatzes recht eigentlich ein Hexer. Und nur deswegen unbeweibt, weil er in Mondnächten ein ganzes Dutzend Hexen um sich versammle und wilde Feste feiere. Da tut sich dann einer leicht, mit der Bauernschaft, der verhexten. Selbst ein Knecht.

Der Hatzes, der neue Bauer auf Hinterthal aber, war sich's zufrieden. Mit dem, was er sich erschaffen. Und ging dem Rest aus dem Weg. Weil eh sinnlos, mit den Leuten zu reden. So sinnlos, wie ihr Gerede. Die Leut.

VON DER FAI UND DER JAUFENBURG

Lange Zeit gab es da, wo heute immer noch die Jaufenburg steht, nichts als das Nichts. Da war das Tal, das führte talaus; da war der Berg, der ging himmelwärts, und hinter dem Berg war ein weiteres Tal und dahinter ein weiterer Berg. An das Tal schloß sich talaus ein weiteres Tal an. Undsofort.

Auf dem Berg aber war ein Paß. Dort wohnte eine Fai, zusammen mit anderen ihrer Art. Sie wollten nichts wissen von der Welt da unten, und die Welt da unten wußte nichts von den Faien da oben.

Eines Tages aber, man weiß nicht mehr zu sagen, wieso, zog einer los, aus dem Tal den Berg hinauf, und stieg weiter, als jemals die Geißen oder einer von ihnen den Geißen nachgestiegen war. Und es geschah, daß die Fai, die unter dem Jaufen auf einem Stein saß, in die vorüberziehenden Wolken schaute und sich dabei ihr langes Haar kämmte, den Menschen entdeckte. Und ihm beim Bergansteigen zusah. Eigenartiges Wesen: langsamer als die Geißen, und hinkt auf bloß zwei Beinen. Aber je länger sie ihm zusah, um so mehr gefiel ihr etwas an ihm, von dem sie nicht wußte, was es war, und wovon ihr noch keine Fai erzählt hatte. Das wollte sie sich

näher ansehen. Also setzte sie sich so auf den Stein, daß er sie bemerken mußte, sobald er aus der Senke kam.

Sobald er aber einen Blick auf sie geworfen hatte, machte er auf der Stelle kehrt und sprang und stolperte und stürzte den Berg hinunter. Die Fai allerdings hatte sich verliebt, stand auf und folgte ihm. Als sie das Tal erreicht hatte, legte sie sich hin und schlief ein. Und während sie so dalag, wuchsen um sie herum Rosen, Rosmarin, Reben und Roggen. Und es kamen viele, um das Wunder zu sehen und um sie zu werben. Doch es half kein Bitten und kein Singen und kein Fragen. Der eine aber kam nicht. Da begann die Fai im Schlaf zu weinen, wovon sie erwachte, um dann noch bitterlicher zu weinen. So sehr, daß die Wasser anschwollen und zu einem reißenden Wildbach wurden, der alles mit sich nahm, Rosen, Rosmarin, Reben und Roggen, zuallerletzt auch die Fai, und zurück blieben nur die Steine.

Aus diesen Steinen wurde die Jaufenburg gebaut. Die Faien auf dem Jaufen waren verschwunden, man baute einen Weg über den Paß, draußen am Talausgang wohnten die Herrscher, jenseits des Passes lagen reiche Bergwerke, also mußte irgendjemand den Weg zwischen da und dort bewachen, und so wurde die Burg gebaut.

Die Fai aber kehrt ab und zu einmal zurück und setzt sich auf eine Zinne. Man sollte sie nur nicht ansprechen. Sonst gehen der Waltner und der Pfistradbach wieder hoch.

Überhaupt sieht die Fai ab und zu nach dem Rechten, gleichgültig, wer gerade der Herr der Jaufenburg ist.

Der war eines Tages außer Haus gegangen und hatte der Dienerschaft aufgetragen, das Nachtmahl ja rechtzeitig bereitzuhalten. Und so war zur befohlenen Zeit alles bereit, in den Töpfen brodelte, in der Küche dampfte es. Nur von der Herrschaft war nichts zu sehen. Um acht auch nicht, obwohl der Herr der Jaufenburg sonst eigentlich früh zu Bette ging, um zehn nicht. Als es dann um Mitternacht endlich ans Burgtor klopfte und die Dienerschaft ernsthaft darum besorgt war, ob der Braten nicht längst trocken, da eilte man und öffnete. Draußen stand eine alte Frau mit langen, weißen Haaren und bettelte stumm. Die Köchin holte von der Suppe, doch die alte Frau schüttelte nur den Kopf. Die Köchin brachte etwas Braten, froh darüber, daß er noch nicht strohtrocken geworden war. Die alte Frau schüttelte wieder den Kopf. Mehr hab ich nicht, sagte da die Köchin, außer der Glut im Herd, und die ist am Ausgehen, aber das ist kein Wunder, um die Uhrzeit. Da nickte die alte Frau, ging an der Köchin vorbei in die Küche, holte etwas Glut aus dem Herd, hielt sie in bloßen Händen, bedankte sich mit einem Kopfnicken und ging. Der Herr der Jaufenburg aber soll in dieser Nacht samt seinem Pferd in den Bach gefallen und nie mehr wieder gesehen worden sein.

Später erzählte man sich dann, er sei auf Wallfahrt nach Jerusalem samt seinem Schiff im Sturm umgekommen. Aber das ist nichts als Gerede, über das die Fai nur den Kopf schüttelt, während sie sich, auf der Zinne der Jaufenburg sitzend, kämmt.

ALLERHAND ANTRISCHE

Die Antrischen, die ja von den ehemals im sumpfflachen Oberland Lebenden gern wie fälschlicherweise *Entrische* genannt wurden, die Antrischen hatten durchaus ihre Vorlieben. Denn die Antrischen waren, wenn es auch die Prettauer selbst nicht so sehen wollen, recht eigentlich Prettauer.

Nun ist Prettau, wie jeder weiß, seit zweitausend Jahren und mehr nichts anderes als ein Bergbauausbeutungsgebiet. Und es sind, wie wir aus den zentralafrikanischen Zonen wissen, und den dazugehörigen Zuger Bilanzen, solche Gebiete immer sehr rauh.

(Wir wüßten dies auch, blickten wir hundert Jahr zurück, vom amerikanischen Norden. Und dann vom Westen. Im amerikanischen Norden zum Beispiel machte ein der pfälzischen Militärpflicht entflohener junger Mann *con tanto di faccia tosta and a bloody hand*, mit frecher Fresse und blutiger Hand, wie die Seinigen sagten, ein halbes Vermögen, hatte er gemacht, als Hungerleider, gewesener, indem er in der allerfrühesten *goldrush*-Bergbauansiedlung eben nicht zu Hacke und Schaufel griff, diese auch nicht – zweitbeste Option – zu verkaufen gedachte, sondern eben: aus ein paar Baumstämmen und ein paar Verzweifelten eine Schnapsbar samt Puff sich baute. Und Nuggets und Dollars machte. Der Mister Trump aus dem Pfälzer Weindorf Kallstadt. So gehn die Zeiten, eben. Nicht vergessen, sagen die Antrischen.)

Nur nicht vergessen, sagen die Antrischen. Und greifen sich, mit ihren steinschlägelerprobten Fingern, schwielig, ans Hirn. Nicht vergessen. Denn die Antrischen, egal, was ihnen rundum erzählt wird, was sie wären, was sie gewesen sein sollen, und was sie gewesen sein werden, die Antrischen selber, als solche, wußten, was sie gewesen waren. Glaubten, sich zu erinnern, was sie gewesen waren. Manchmal. Und außer ihnen glaubte kaum einer mehr daran. Wieso auch immer.

Nicht vergessen, sagen die Antrischen. Und versuchen, sich zu erinnern.

Es waren die Antrischen, wie alle anderen auch, Bergbauleute gewesen in der Prettauer Gegend. Und da gab es genug Material, um abgebaut zu werden. Man arbeitete viel. Und man arbeitete hart. Für andere. Denn man selbst verdiente weniger, und arbeitete noch härter. So daß, eines Tages, sich einige zusammentaten und sagten: »Da laß uns doch mal sich zu die arbeitgebenden Herren begeben, und sehen, was sie sprechen.«

Die Herren aber sprachen nicht. Weil sie erst gar nicht empfingen.

Da sagten die Antrischen: »Da laß uns doch mal die Sache etwas dringender machen.«

Und sie zündeten eine Bergbauverwaltungshütte an. Diejenige, in der ihre Abrechnung gemacht wurde. Die regelmäßig zu ihren Ungunsten ausgefallen.

Daraufhin aber rief die Herrschaft bezahlte Mordbuben und Brandschatzer ins Land. Und es kam zu einem Schlachten großen Ausmaßes.

Aber ein Teil der Antrischen, dann doch, entkommen. Ins Gebirg. Wo sie dem Widerstand sich hingaben. Da aber der Widerstand im Gebirg kaum bekämpft werden kann – was auch der Ami in Vietnam so wahrgenommen, sowie der Ruß und der Ami in Afghanistan – da aber, also, erdachten sich die Denkköpfe der Söldner, als moderne Kampfeinheit, ein ganz Anderes: *Die Geschichte von den Antrischen*, nämlich.

Daß die nämlich, die Antrischen, die als sowas wie *Gewerkschafter*, nämlich im Gewerke des Bergbaus sich aufgehaltene, aber ihm nunmehr abgeschworene, sich im Gebirg herumtreiben, daß die: des Teufels. Und allerhand Wunderzeug trieben, das diabolisch. Und Küh verhexen. Und Ehefrauen.

Und also wurde der Pfarrer angerufen. Und da die Gefahr groß, der Abt. Von nebenan, also Neustift. Und schließlich der Fürstbischof. Alle diese segneten, und verfluchteten. Und sprachen ἀνάθεμαι aus, *anathema*, das allerstärkste der zauberischen Gegengifte.

Die Antrischen aber, oben zwischen den Felsen sitzend, rührten sich ungerührt ein Mus. Und lachten. Und legten Schmalz auf.

DER ÖLPRINZ

Auf Pardell oben, halbweg von Vandoiahoi nach Terenten, dort, wo der Steig bergan einen Augenblick lang nicht mehr ganz so steil, dort hatte einer, den man gemeinhin den *Pardatscha* nannte, weil man ansonsten nicht sehr viel von ihm wußte, auf Pardell oben hatte der Pardatscha eines wirklich harten Winters, als er wußte, bei *den* Umständen und *den* Schneewänden und *den* Temperaturen würd hier oben auf ewig keiner vorbeikommen, hatte der Pardatscha auf Pardell oben auf einem handtuchgroßen Flecken, der nicht gar so steil, insgeheim, und also vor allem des Nachts, gerodet.

Mehr nicht, als an die zehn Bäum. Und im Vertrauen darauf, das Fallen der Bäum würden die Leut im Tal unten dem Schneebruch zuschreiben. Vor allem aber der Waldbesitzer. Der sich, so der Pardatscha, während er Hand an die Föhre legte, der sich nie nicht um diesen steinschlagigen Hang mit verkrüppelten, windschief verwachsenen Bäumen gekümmert hatte, *kein einzig grades Brett kriegst draus aus denen*, und also hatte der Pardatscha sich insgeheim und des Winters endlich seine Kleinlichtung gerodet.

Sich einen kleinen Unterstand gebaut aus dem Holz, der allsgleich kniehoch eingeschneit. Und sich dann darangemacht, einen ansehnlichen, steinrabenschwarzen Findling, der akkrat lichtungsmittig lag, klein zu schlagen, Schlägelschlag für Schlagelschläg. Das wiederum dauerte. Der Findling wollte kaum nachgeben.

>   Die Sonne
>   In der Kälte der Luft
>   einige Vögel
>   (Nebenan die Bauarbeiter
>   in Handschuhen) ***

Endlich aber ging der Winter, wenn auch langsam. Und langsam wurde der Pardatscha müd, am Findling. Hatte seit Tagen nur mehr von ausgegrabnen, halbverrottet vergornen Wurzeln gelebt. Und inzwischen einen Zottelbart wie ein Bär. Und haute sich, immer noch am Findling, deswegen eines Tages dermaßen auf die Linke, daß die Hand ein einziger Klumpen. Und während ihm grad blümerant wurde, dem Pardatscha, sah er noch, wie der Schlägel auf den Findling. Und aus dem Findling, oben, etwas Schwarzes.

Und sank vornüber. Und in Ohnmacht. Und wachte so, später, wieder auf. Auf den Findling gelehnt, die Stirn auf seine Hand gelegt, am Findling.

*** *So fand es, und so schrieb es, Freund Georg Binta Jörg Engl.*
Fast ein Stilleben. In: Georg Engl. *Besetzte Landschaft. Lyrik & Prosa.* Skarabäus Verlag, 2003

Die Hand gut, wieder. Und aus dem Findling, da, wo die Hand gelegen, und er langzuvor das Schwarz gesehen, ein Öl am Aussickern, langsamleise.

Keine Woche später hatte er die heilsame Wirkung dieses Öls aus dem Findling begriffen. Einen Monat später einen Plan.

Es war Frühling geworden, und der, den sie den *Pardatscha* nannten, obwohl kaum einer von ihnen ihn kannte, hatte ein wundersam heilsames Öl nach Vandoiahoi ins Tal heruntergebracht, vom Berg. Aber wäre der Sohn des Sägewerkbesitzers nicht grad in die Säge geraten, sie hätten den Pardatscha das Dorf hinausgetrieben. So aber. Sprach sich die Wirkung des wundersamen Öles herum. Und sie kamen mit dem Pardatscha ins Geschäft. Widerwillig, erst, auf beiden Seiten. Dann regelmäßig. Und der Findling im Steilwald oben lieferte. Und der Ölpreis stieg, aufgrund der Nachfrage.

Dann wurde es Herbst. Recht eigentlich ein früher Winter.

Er werde, sagte der Pardatscha da, nachdem er noch einige Großbehältnisse des Öles verkauft, er werde, nach reichlichem Nachdenken, jetzt dann endlich nach *den Amerikas*, le '*Meriche* fahren, wie es der eine auch getan, von dem man den Frontull hinterm Berg drüben, aus dem ladinischen Krautwalischen, erzählen hat hören. Und der eine sicher nicht wagemutiger als er.

Um, er also, sagte der Pardatscha, dorten zum ersten nach einer Prinzessin zu suchen, unter den rothäutigen Einheimischen und für sich, weil er damit endlich Prinz auch würd. Und sodann um dorten, zum zweiten, weiter nach Öl zu sehen. Sowie seinem Glück.

In der Nacht vor seinem Aufbruch aber kam des Pardatschas Ölfindling in Bewegung. Und zwar in dem Sinne, daß er sich gänzlich verflüssigte. Der steinige Boden tat sich leis auf, und die Ölarme des Ölfindlings griffen sich den Pardatscha. Und gemeinsam versank man im Boden. Und der Boden tat sich zu, über ihnen. Und flugs schossen zwei Föhrenstecklinge aus dem Boden. Und dann war Stille, allüberall.

Die Leut in Vandoiahoi, die im Tal unten, redeten davon, daß der Pardatscha, wie angekündigt, verreist wär. Und sagten: Der kommt zurück, aus den Amerikas, und wenn, dann als echter Ölprinz, und mit einer echtwilden Prinzessin. Die Leut in Terenten oben aber waren sich da nicht ganz so sicher.

Aber er kam nie zurück. Und ward nie mehr gesehen, der Pardatscha. Auf jeden Fall nicht auf Pardell, halbweg von Terenten nach Vandoiahoi. Falls man steil bergab geht.

DIE RITTER AUF MATSCH

In Matsch lebte, zwar nicht seit jeher, aber doch seit langem, wenn auch nicht bis in alle Ewigkeit, das Geschlecht der Ritter von Matsch. Und einer dieser Ritter, so geht die Sage, war übler als der andere.

Aber das ist unter Umständen auch nur üble Nachrede; schließlich regierten die Ritter von Matsch lange Zeit und weit über das Matscher Tal hinaus, verbündet mit Fürsten und Bischöfen und Kaisern und Päpsten, und tags darauf genauso verstritten, bis aufs Blut oft.

Außerdem ist das Matscher Tal ein schönes, gar nicht kleines, durchaus aber, weil höher gelegen, auch abgelegenes Tal: Das gab dann draußen, unten im flachen, weiten Tal, genug Raum für die wildesten Geschichten über die Ritter von Matsch.

Einer zum Beispiel, geht die Sage und verschweigt uns, wer weiß, wieso?, seinen Namen, war ein besonders grausamer. Nichts lieber, als andere Menschen zu quälen. Und wenn ihm das in seinen allgemeinen Regierungsgeschäften zu langweilig wurde, griff er sich einen seiner Bauern vom steilen Acker weg. Und ließ den nun doppelt armen Bauern durch seine Knechte in das tiefste Schloßverlies werfen, bei Hunger und Durst. Wochen später hieß er den

armen Bauern wieder ans Tageslicht kommen und versprach ihm die Freiheit, wieder auf den steilen Acker zurückzukehren, bei Schweiß, Wasser und trocken Brot. Falls der arme Bauer ihm, bis Sonnenuntergang, den größten Baum im Schloßwald fällen und hernach im Stück vors Schloßtor bringen würde. Eine Art Wette, also. Aus purer Grausamkeit.

»Den größten, ja?«

»Den größten. Wer schummelt, wird geköpft und aufgespießt.«

»Im Stück, der Baum?«

»Weh, du krümmst ihm ein Haar.«

»Und woran erkenn ich den größten Baum?«

»Du darfst auch wieder ins Verlies, wenn du möchtest.«

Da ging der Bauer, ging in des Ritters Schloßwald, ging von Baum zu Baum, und ihm schien, die Bäume würden von Baum zu Baum größer, und er von Mal zu Mal kleiner. Nur die Verzweiflung wuchs. Und als er zum größten Baum kam, erkannte er ihn sofort, setzte sich zu seinen Füßen hin, ließ den Kopf hängen und weinte. In einem Leben nicht würde er den Baum fällen und dann, im Stück, vors Schloßtor ziehen können.

Die Sonne stand schon tief am Himmel, als ein Jäger des Weges kam und vor dem Häufchen Elend, das da an dem großen Baum lehnte, stehen blieb. Ihn nach seinem Unglück befragte und dann aufstehen hieß. Ein Beil hervorzauberte und den Baum blitzschnell gefällt hatte, mit wenigen, sauberen

Schlägen, daß es nur so stiebte. Dann pfiff er, und ein Gespann mit vier schwarzschnaubenden Pferden kam an, er warf den Baum auf das Fuhrwerk, griff den armen Bauern am Wams, setzte ihn rittlings auf den Baumstamm, und los ging die Wilde Fahrt.

Der Matscher Ritter mochte es nicht recht glauben, als er, noch vor Sonnenuntergang, den Baum sah, vor dem Burgtor, am Stück. Und den Bauern lachend darauf sitzen. Während der Matscher Ritter sich noch am Kopf kratzte, packte ihn der Jäger schon am Genick, spannte ihn vors Fuhrwerk, und los ging wieder die Wilde Fahrt.

Der arme Bauer aber hatte es versäumt, rechtzeitig vom Baum zu steigen. Und so mußte er Tag für Tag die schwarzen, verschwitzten Pferde striegeln, immer auf der Hut vor ihren Hufen, manchmal vergeblich.

Eines Tages zerstritten sich die Matscher Ritter einmal mehr, einer verließ türenknallend die Burg und baute sich unweit seine eigene, neue und nannte sie Untermatsch. Es dauerte nicht lange, und die Ritter von Obermatsch und Untermatsch überfielen sich gegenseitig, und nicht mehr die umliegenden Talschaften. Das ersparte ihnen lange Wege. So erschlug zum Beispiel Egno seinen Vetter, und dessen Witwe Hudolinde köpfte den Gebizzo, einen Neffen. Seither geht die Wilde Fahrt nicht mehr über Wallfur oder die Schinderlatten, sondern immer im Kreis durch den Schloßwald und am Ende zwischen Obermatsch und Untermatsch hin und her.

Und es riß der Pferdenachschub für die Wilde Fahrt nicht ab, so lange nicht, als bis das Geschlecht der Matscher Ritter endlich ausgestorben war.

DAS ALMKOAT

Oben auf der Villanderer Alm, wo man es *Auf den Todten* nennt, gab es in früheren Zeiten reiche Bergwerke. Übrig geblieben davon sind nur die verwunschenen Moore und Seen, die *Seaba*, in die eines Tages der ganze Reichtum samt Mann und Maus und Haus mit einem gewaltigen Getös verschwunden ist wie in den Orkus. Seither sollte eigentlich Schluß sein mit Gold und Silber und Raffgier und Hochmut, und die Villanderer Alm nichts als eine friedliche Alm.

Aber den Menschen war noch nie zu trauen; und da gerade für den übelsten der vormaligen Almbewohner eine Unterbringung und eine Strafe gesucht wurde, ward beschlossen: er müsse fürderhin als Almkoat, halb Tier, halb Mensch, auf der Alm sein Unwesen treiben, wenigstens nächtens, damit die Menschen, die aus dem Reichtum unter Tage nichts Gutes gemacht, nicht auch jetzt noch, auf der friedlichen Alm, etwa die Nacht zu Ungutem verwenden würden.

Und so trieb das Almkoat nächtens sein Unwesen, kreuz und quer über die Alm, von Stock zu Stein, zwischen Froja hin und Foggoja her. Sobald es aber Tag wurde, verschwand es schleunigst ins

Nichts, wohl weil es aus der Zeit der Arbeit unter Tage das Sonnenlicht nicht gewohnt war. Oder es tauchte in einem der Seaba ab, man weiß es nicht so genau. Erzählt wird, daß es dabei immer laut aufheulte.

> 'S wird hell, oh jeh, 's wird licht!
> Vertrag die Sonn so gar nicht
> wenn sie heruntersticht

Man weiß deshalb auch nicht, wie das Almkoat aussah; wer es sah, ist nicht mehr, und wer noch ist, sah es nicht. Trotzdem beschreiben die einen es sich groß, mit einem menschenähnlichen Kopf auf einem tierähnlichen Körper. Die andern andersherum. Wieso es aber immerzu reimte, das kann keiner erklären.

Eines Tages, sagt man, ist ein Bauernbursch, während es auf die Nacht zuging, übermütig geworden. Blieb gegen jedes Zureden auf der Alm und wollte in einer Schupfe übernachten. Da hat ihn das Almkoat aufgesucht, in tausend Stücke gerissen und diese auf das Schupfdach geschmissen. Als die Mäher beim allererten Licht wieder auf die Alm kamen und nach ihm riefen, hörten sie eine Stimme.

> Der Bartl, ach!, liegt
> auf dem Dach flach
> Er war zu lang wach

Man nahm sich das durchaus zur Lehre, und übernachtete lange Zeit nur mehr in tiefer gelegenen, christlicheren Gegenden. Bis es eines Tages den nächsten jungen Burschen zwickte.

Er überlegte lange, wie das Almkoat zu überlisten sei. Und als es das nächste Mal zur Mahd auf die Alm ging, behing er sich kurz vorm Finsterwerden über und über mit allerlei geheiligtem Zeug und versteckte sich im Heu. An den Heustock aber hatte er ringsum Sensen gebunden. An denen das Almkoat, als es dann auftauchte, sich stach.

> Weh! Au weh, au weh!
> Hierher komm ich nimmermeh!
> Die Villanderer Alp
> neunmal Wies, neunmal Wald
> Der Schlern ein Nußkern
> Jochgrimm zwei Pfifferling
> Villandrer Alm, gutes Wasser
> Seiser Alm, saftige Graser
> Weh! Au weh, au weh!
> Hierher komm ich nimmermeh!

Und damit verschwand das Almkoat auf Nimmerwiedersehn, auf jeden Fall von der Villanderer Alm. Daß man aber seither dort wieder sorglos übernachten kann, ist von Leuten aufgebracht worden, die da ihre Strohlager gegen Geld hergeben. (Sie nennen es, tatsächlich: Fremdenverkehr. Trefflich.) Die Sage aber geht noch von ganz anderen Geistern.

DER TODTENTHOMAS UND SEINE FAHRT DURCHS MARTELL

Vom Ritten aus war die Pest irgendwann auch bis ins Martell gekommen, und zwar bis ins hinterste, irgendwann, auch. Was ein Weg ist, ein weiter. Und ein abgelegener. Trotzdem, sie war gekommen. (Und auf den Ritten war die Pest aus dem Morgenlande angereist. Sagt man.)

Und die Pest hatte sich die Marteller genommen, einen nach dem anderen, ohne auf Haus- oder Ehestand zu sehen. In manchen Nächten war das Schreien der ungemolknen Kühe das einzige, was im Tal zu hören war.

Gerettet haben sich wenige. Auf Unterwald zwei ältere, allein lebende Schwestern, die, um der Pest zu wehren, nach und nach alles an Holz, was ums Haus herum, und dann auch solches, das am Haus und im Haus, in ihrer Küche verbrannt haben, und zwar, ohne sich darauf eine Suppe zu kochen, sondern vielmehr darauf bedacht, möglichst viel Rauch zu erzeugen. Und also Wacholderzweige dazu. Noch hundertundmehr Jahr später wurde die verrußte Decke gezeigt, und der Rest des Gemäuers.

Die beiden Schwestern aber seien, dank des Rauches, erst spät eines gänzlich natürlichen Todes gestorben. Sie seien die einzigen gewesen, denen solches geglückt, zu Pestzeiten, sagt man.

In dieser sterbenden Gegend aber machte sich ein grundgütiger Mann zu schaffen, der alte Todtenthomas. Er sammelte auf seinem Karren, Woche um Woche, die Toten ein, Frühjahr, Herbst, und brachte sie auf einen Acker neben dem längst überfüllten Friedhof. Begrub sie. Aß einen Kanten trocken Brot und machte sich, langsam, Schritt für Schritt, wieder auf den Weg. Und wurde dürrer, und dürrer, mit der Zeit. Bei einer seiner letzten Fahrten winkte ihm vom Wegrand her eine junge Frau zu, und lächelte. Das nächste Mal, sagte da der Todtenthomas, das nächste Mal komm ich um dich.

Es war im Frühjahr ein Franziskanerpater aus Bozen gekommen, den weiten Weg, hatte ein paar Segenssprüche getan und um Schmalz zur Entlohnung gebeten. Und da der talansässige Hochwürden bereits tot von der Pest, war dem Franziskanerpater reichlich gegeben worden, von den im Frühjahr noch etwas zahlreicher Lebenden. Er war im Sommer gekommen, und bald wieder verschwunden, da die Ausbeute gering, da wenige mehr am Leben, um Butter und Schmalz zu erstellen.

Daraufhin hatte sich der Franziskanerpater beim Todtenthomas beklagt. Das nächste Mal, sagte da der Todtenthomas, das nächste Mal komm ich um dich.

Daraufhin war, im Herbst, der Franziskanerpater aus Bozen nicht mehr gekommen. Sehr viel später aber, lange, nachdem auch der Todtenthomas, und als letzter, kurz nach den zwei Schwestern verstorben, auch er eines natürlichen Todes, allerdings klapperdünn, daß man es anders hätte meinen können, sehr viel später aber, nachdem das Martelltal wieder besiedelt worden war, kamen Franziskanerpater aus Bozen und sammelten Butter und Schmalz ein mit Verweis auf ihre Dienste zur Pestzeit.

Ob sie heute noch ins Martell kommen, weiß ich nicht.

DIE GRÜNE NIXE VOM GRÜNSEE (ZUHINTERST)

Unter den Nixen ist die Nixe vom Grünsee die allerletzte. Wenn es nach den Nixen geht. Für die Nixe vom Karersee zumal, die anerkanntermaßen berühmt und wohlhabend sowie ein wahres Glanzlicht ihrer Zunft, weitum geachtet. Und selbst die Nichte der Nixe vom Karersee, die durchaus hie und da angestoßen war bei ihren Genossinnen, selbst die hatte nur ein leises Achselheben übrig für die Nixe vom Grünsee. Und das war so gekommen.

Ursprünglich saß die Nixe vom Grünsee im Weißbrunnsee und war weiß wie strahlend Licht. Und glücklich und zufrieden. Zwar war sie nicht ganz so gut gestellt wie andere Nixen, und verfügte auch über keinen Ruf, weder in die eine noch die andere Richtung, aber das sollte ihr nur recht sein. So konnte sie da zuhinterst im Ultental am Weißbrunnsee sitzen, und zwar nicht nur bei Mondenschein, sondern manchmal auch an sonnigen Tagen. Weil nämlich, zu diesen Zeiten damals, nie jemand vorbeikam am Weißbrunnsee. Weswegen der eigentlich auch keinen Namen hatte, Nixen geben ihren

Seen keine Namen. (Diese Unart der 60er und 70er Jahre des allerletzten Jahrhunderts, sich groß einen Namen auf sein Zuhause, und zwar außen, zu schreibmalen, war den Nixen, da sie zivilisierte Wesen, gänzlich unbekannt.)

Also saß die Nixe an sonnigen Tagen manchmal gar am Seerand. Der ein kleiner See und überschaubar. Und falls doch wer kam, verschwand sie sofort. Unsere Nixe genoß die Sonnenminuten sehr, immerhin wohnte sie hier auf 1872 Höhenmetern, und der See war mit Gletscherwasser gefüllt. Und so war es auch gekommen, daß sie von Jahr zu Jahr heller wurde, und irgendwann ganz in Weiß erstrahlte, die Nixe. Ein marmorhell strahlendes Weiß.

Das hätte sie, beinahe, zu einer Berühmtheit gemacht, unter all den hellblauen Nixen da draußen. Wäre nicht, mit der Zeit, der Mensch immer weiter das Tal heraufgezogen bis ins hinterste Tal. Und endlich in die Weißbrunnseegegend.

Die Nixe hatte sich da längst schon zurückgezogen, eine Etage höher, Richtung Sternai (der unter den Heutigen als *Hintere Eggenspitz, 3443 Meter über dem Meere* bekannt ist), und zwar an den Grünsee. Da war man auch schon auf 2529 Höhenmeter. Und das Wasser tiefgletschergrün. Und im Zweifel noch kälter, und zwar um einiges. Und selbst die Sonne wärmte nicht mehr. Also beschränkte sich die Nixe forthin, wie alle anderen Nixen auch, aufs Mondlicht. Und verlor dabei ihr weißes Strahlen, und wurde grüner und grüner. (Wieso aber grün, und nicht hellblau wie all die anderen mondlichtgebadeten Nixen, das wußten selbst die besten Nixologen nicht zu sagen.)

Anfangs noch dachte sie, das würde sich legen, die Menschen da unten wieder verschwinden, und sie selbst endlich wieder an ihren alten See zurück und an die Sonne, und dann endlich ihr Strahlendweiß zurück.

Aber als sie dann, aus der Ferne, sah, wie die da unten sich ans Werken machten und den Weißbrunnsee bearbeiteten und einzwangen und aufstauten, auf daß er baldigst ganz grau wurde, und also bis heut einen falschen Namen trägt, als sie das alles mitansehen mußte, wurde ihr klar, daß es das gewesen war, für sie. Und zwar für immer.

Nichts war mehr mit Strahlendweiß und Gesang in der Sonne. Und nichts mit der daraus unter Umständen resultierenden Berühmtheit. (Auf die, insgeheim, dann doch ein Aug geworfen, vorab.)

Grün würde sie bleiben, und am Grünsee bleiben, zuhinterst im hintersten Ultental, im Schatten des übermächtigen Sternai, und die anderen, die hellblauigen Nixen würden, bestenfalls, leicht die Achseln zucken, bei Erwähnung ihres Namens.

Und seither sitzt sie da, im fahlblauen Mondlicht. In Grün. Die Lieder trauriger als je zuvor. Aber ihre Stimme! ***

>Am Sternai dahei
>am Sternai dahei
>Alle alleweil lei
>dar bloach Muun
>Ischmir nich drum
>fideldi fideldum

*** *Sehr viel später sollte Billie Holiday, auch eine Nixe, den Gesang der Nixe am Grünsee wiederaufnehmen. Und singen:*
So I'm walking on clouds on a silver line
To dream my dream could be my mistake
Love may be blind, I'll take my chances
Lyrics by Billie Holiday. In: Somebody's on My Mind. Auf: The Blues Are Brewin'. Recorded October 19, 1949, New York. Decca Records

VOM LAGREIN FÜR LAUREIN

Die Kalterer sind ja, wie man weiß, eine ganz eigene Sorte, und die Nicht-Kalterer, also die Paulser und die Traminer als ihre Nachbarn, sind sich darin seit ältesten Zeiten einig. Wenn auch in sonst nichts. (Geschweige denn Fußball.)

Es hatten nämlich die Kalterer auch in den vordersten Zeiten Wein, und auch damals brachten sie ihn gern unter die Leute, wenn auch etwas – mit Wasser – verschnitten, und tranken ihn selbst, unverschnitten.

Und seit urvordersten Zeiten wird man von den Göttern, so man sich nicht die richtigen ausgesucht hat, fürs Weinpanschen verdammt. Die Kalterer aber hatten sich den Blasius und den Stasius zu ihren Göttern erkoren, und die hatten nichts gegens Weinpanschen, sondern nannten es Verschnitt und Küwee, weil erstens waren Stasius und Blasius, obwohl Götter, etwas blasendünn und leberdick, und zweitens konnten sie, wenn sie wollten, jederzeit auch an unverschnittne Ware kommen. Und sie wollten. (So wie die Drogenfahnder unsrer Tage es auch halten.)

Nun erzählt man sich, und es wird wahr sein, also sagen wir besser: Es geht die Sage, die Kalterer

wären einmal, als Ganzes, dann doch knapp an einer Katastrophe vorbeigerauscht, ihres Weines wegen.

Es waren nämlich vier Kalterer in Geschäften unterwegs gewesen, am Ounsberg, Nonsberg, Val di Non, waren in Mocenigo zu Geschäften gewesen, in Rumo, in Proveis, und schließlich in Laurein. Da ihr Geschäft im wesentlichen darin bestand, Bestellungen für neue Weinlieferungen aufzunehmen, war die Arbeit bald getan und so waren sie schon vor dem Mittagsläuten im Laureiner Wirtshaus eingekehrt. Dem Wirt dort hing der Ruf des Hexers an. Das war, da sie nun wirklich hungrig und durstig waren, den Kalterern aber egal.

Der Wirt also brachte die Kalterer sofort in den Keller und führte sie dort von Faß zu Faß, in einem jeden ein Kalterer Wein, und sie tranken sich von Faß zu Faß, beim ersten hatte der Wirt etwas von *eventuell ein dünner*, beim zweiten *eventuell ein saurer*, beim dritten Faß aber *bei dem bin ich mir nicht sicher, ob dünn oder sauer oder beides* gesagt. Die Kalterer jedesmal ein heftiges *Unmöglich!* mit ihren Köpfen geschüttelt und brav getrunken und geschluckt. Und ihren Wein gelobt. Da zeigte der Wirt auf drei Fässer im Eck, *die stehen schon länger hier*, die Kalterer aber waren mißtrauisch, *für den Fall, daß du einen Traminer auch im Keller hast*. Der Wirt aber stritt das komplett ab, *ist Kalterer*, sagte er, *eurer, aber halt schon länger da bei mir auf Laurein, der Lagrein*. Lagrein hatten die Kalterer aber noch nie nach Laurein geliefert. Eher noch Veroneser. Aber das sagten sie dem Wirt nicht. Weil die Laureiner sich nicht mit dem Lagreiner auskennen. Bergler, die, ounsbergerischen.

Um also nicht in weitere Dispute zu geraten, taten sie dem Wirt den Gefallen und tranken vom vierten Faß.

»Und?«

»Nicht ganzundgar schlecht.«

Fünftes Faß.

»Und?«

»Nicht schlecht.«

Und ließen sich nachschenken, zum Beißen. (In die Weinstruktur rein. Gekonnt ist gekonnt.) Zogen zweifelnde Gesichter. Obwohl ihnen der Fünfer dermaßen gut geschmeckt, daß sie sich insgeheim fragten, was im sechsten Faß noch kommen sollte. Und woher der Wein. Sechstes Faß.

»Und?«

»Ja«, sagten die Kalterer, »recht anständig. Wir Kalterer machen eben anständige Weine. Nachschenken.«

»Weil ihr anständige Leut seid«, sagte der Wirt. Der ganz genau wußte, mit welchen Hexerwerken er sich aus dem Kalterer Sauremus einen anständigen Lagrein auf Laurein gezaubert hatte. »Und deswegen bestell ich fürs nächste Halbjahr noch einmal dieselbe Fuhre. Zum selben Preis.«

»Selbe Fuhre geht, selber Preis leider nicht«, sagten die Kalterer. »Die landesfürstlichen Steuern schneiden uns am Beutel. Man kann sich den Gurt gar nicht so eng schnallen.«

»Abgemacht«, sagte der Laureiner Wirt. »Dann eben so.« Und bedankte sich, und überreichte den Kalterern einen Gurt, *aus reiner Dankbarkeit*, noch im Hochsteigen aus dem Keller – was für die Kalterer eine rechte Arbeit war und ein Wanken, nach dem dritten Nachschlag am sechsten Faß.

Der Gurt aber war wirklich edel gewirkt, und mit Gold bestickt, und der Wirt hatte eine Bitte. Er möchte den Gurt dem hl. Antonius zu Kaltern verehren. Und ob man den Gurt dort, nach Ankunft, um die Antoniusglocke legen könne. Ein Angelöbnis, sozusagen. Sagte der Laureiner Hexer.

Das hatten sich die Kalterer allerdings anders vorgestellt, mit dem goldenen Gurt, und bis sie wieder in Kaltern zurück waren, waren sie mit sich auch schon geschäftseins geworden. Einer von ihnen würde einen alten Kälberstrick um die Antoniusglocke legen. Den Gurt aber würden sie des Nachts unter sich aufteilen. Bei einem Glas. Und so lange wurde der Gurt dem einen von ihnen, Obmann genannt, anvertraut. Der nahm ihn mit in sein stattliches Haus. Und aß dann erst einmal in Ruhe etwas.

Bis er vom Berg her dumpfes Donnergrollen hörte. Er stürzte auf den Vorplatz hinaus, und konnte dann da, gemeinsam mit den drei anderen, dabei zusehen, wie ein pechgelber Gewittersturm vom Ounsberg her über den Penegal herunter (und zwar ziemlich in der Linie, auf der heute die Standseilbahn fährt) auf das Dorf zurollte unter fürchterlichstem Donnergehall und Geblitze, und über St. Anton herunter bis, ja, bis auf sein stattliches Haus zu. Und da blitzte es noch einmal, und gewaltig. Und schon standen Haus und Hof in Flammen, und Augenblicke später schon stürzte alles ein, es erhob sich ein lagreinfarbner Nebel, und als endlich alles wieder halbwegs ruhig war, war da nichts mehr, alles begraben unterm Schutt, und der Schutt unter einer Schlammasse, die sogleich hart wie Granit wurde. Und ganz zuunterst lag der Gurt. Und dort liegt er immer noch.

An der Stelle aber, wo das Haus gestanden, wurde erst hunderte Jahre später wieder gebaut. Und in dem Haus darin verstarb dann, wieder Jahre später, im Ruf der Seligkeit, die *Stigmatisierte Jungfrau von Mörl*. Der heute noch eine Tafel gewidmet ist. Dort, wo zuunterst noch ein Gurt liegt.

KEGELSPIELE.
UND STRATIOTEN
IN MAREO

Es gäbe ja, wenn man wollte, noch eine ganze Reihe von Sagen, die ziemlich blutrünstig sind. Respektive mit etwas zusätzlicher *action* auf uns überbracht wurden. (Zumal es auch in jüngerer Vergangenheit durchaus Zeiten, in denen solch heldenhaftes Blutvergießen ziemlich gefragt. So in der deutschen Erbauungsliteratur.)

Da gibt es dann Ritter und Kopfabschneider, Aufschlitzer und Verbrenner. Und Helden. Und da gab es, lassen Sie uns noch einmal kurz nach Mareo wandern, zum Abschluß, da gab es eine ganze Reihe von Geschichten, die man sich erzählte, mal in dieser, mal in einer anderen Version, in denen es immer wieder darum ging, daß die einen mit den Körpern und Köpfen der anderen, nun ja: Kegelspiele veranstaltet haben. (Natürlich nur, falls die Schlacht gewonnen.) Und solche Kämpfe, sodann auch solche Kegelspiele, sagen die Sagen, sollen sich eben auch zum Beispiel die Enneberger mit den Ampezzanern geliefert haben. Weil die einen mit den anderen immer wieder im Streit um Alm- und Weiderechte, sagt die Sage.

Jetzt ist es aber so, daß in diesen Geschichten, und selbst im Sagenkleide, durchaus auch Geschichte sich verbirgt. Und das wollen wir hier, zum Abschluß, mal kurz herausarbeiten. Zumal die Geschichte kaum bekannt. Und ihre Geopolitik. Und einige ihrer Details so gut wie unveröffentlicht.

Was wie ein Western anfängt, geht so.

1487 schicken die Venezianer Söldner nach Mareo, ins Ladinische. (Die braven Schweizer Fachkräfte waren gerade anderswo mit Morden und Brandschatzen beschäftigt.) Diese Söldner schneiden in Mareo zweiundvierzig Dorfbewohnern, und also einem ansehnlichen Teil des Dorfes, die Köpfe ab. Und spielen Fußball damit. Was geht da vor?, neben dem Abschlachten von Zivilbevölkerung? Nun, es geht um Bodenschätze. Und wie es heute Krieg um Bodenschätze gibt, und Söldnerarmeen, gab es sie damals eben auch. Die Kämpfe ziehen sich über Jahrzehnte hin, auf dem Gebiet zwischen dem Ampezzanischen und dem Badiotischen. Und immer wieder über die Sennes und die Fanes. Ein einziges Hin und Her.

Bis eben, 1487, unsere Söldner zweiundvierzig Dorfbewohner köpfen. Und zufrieden nach Hause fahren. Aber anscheinend mit der Bezahlung nicht recht zufrieden waren, angesichts ihrer Leistung.

Denn überliefert ist, und so gut wie unbekannt, ein Schreiben aus den Geheimarchiven der Signoria di Venezia. An den Söldnerführer Giustiniano Mauroceno. Dessen Trupp ist eine wilde Mischung aus furlan/friulanischen Savorgnan(i) und Stratioten. Στρατιώτοι aber sind, zumal im fraglichen Jahr 1487, dem osmanischem Heer entlaufene (auch) griechische Soldaten, Stratioten eben, die, da das Osmanische Reich (Devlet-i 'Alīye, der erhabene Staat) sich mal wieder im Krieg mit der Signoria di Venezia befindet, nichts als flink die Seiten gewechselt haben und nun von Venezia statt von Stambul aus weiterhin für Geld und des Geldes wegen Köpfe rollen lassen. Und also Gehaltserhöhungsforderungen. Und das Absageschreiben, der Signoria. ***

»Ser Iustiniano Mauroceno provisori nostro«, schreibt der venezianische Auftraggeber auf eine entsprechende Anfrage, »Recevute le vostre lettere date a 23 ad ore 5 de nocte habiamo intexo particularmente non solum el successo de la chavalchata vostra in la valle chiamata Mareba (Mareo, Enneberg) con lordine sequito sed etiam lo esser stato ale mano con li inimici et quelli vigorosamente havere rotti et fugati con eccissioni de più de 100 de loro et captura de più de 40 altri ...«

Undsoweiter. Aber das Geschäft. Es schreibt der Boss weiter: »... Et perche vui ne scrivete quelli fidelissimi stratiothi domandare ducato 1 per cadauna de le 42 teste de li Inimici quale i hanno portate in loro alloçamenti, volemo che accomodatamente voi li façate intender che per certo bon et convenienti

---

*** »Ser Iustiniano Mauroceno provisori nostro ...« Trovasi nell'Archivio dei Frari di Venezia, Collegio-Lettere 1486–89, c. 219 alt

respeco non possamo sença graveça del honor nostro fare questo.« ***

Allein die Frage nach Gehaltserhöhung, nämlich je 1 Dukaten für jeden der 42 abgeschlagnen Köpfe, sei ehrenrührig. Und also besser sofort anderes Gesprächsthema. Ansonsten ein andrer Wind wehen würde.

Was aus den Entsoldungswünschen schlußendlich wurde, wissen wir nicht. (Noch ist nicht das gesamte Geheimarchiv der Signoria gehoben. Ich sag mal: FOIA.) Wir wissen aber, daß einige Zeit später die Ladiner wohl wieder frech geworden und über die Sennes und die Fanes sich wieder Richtung Süden ausgebreitet. Also schickt die Signoria wieder Söldner. Doch die laufen diesmal in eine (Abseits-)Falle der Ladiner.

*** Die Schönheit dieser (alt)venezianischen Kriegsherren-Kanzleisprache ist in Übersetzung kaum wiederzugeben.
Sei es drum: »An unseren Stellvertreter, Herrn Justiniano Mauroceno. Mit dem Erhalt Eures Schreibens verfaßt am 23. um 5 Uhr nachts haben wir zur Kenntnis genommen insbesondere nicht nur den Erfolg Eures Feldzuges in das Tal, das man Mareba (Mareo) nennt, in Ausführung unseres Befehles, sondern vor allem daß Ihr den Feinden einen Kampf geliefert habt, in dessen Folge er vernichtend geschlagen, wobei Ihr mehr als 100 von ihnen getötet und mehr als 40 gefangen genommen. (...) Und weil Ihr uns schreibt, daß diese überaus treuen stratiothi (Söldner) für jeden der 42 abgeschlagenen Köpfe des Feindes, die sie mit sich in ihre Unterkünfte genommen haben (als Beleg und Unterpfand, K. L.), einen Dukaten erbeten von uns, wollen wir, daß Ihr, zur Wiederherstellung der Ordnung, denjenigen klar zu verstehen gebt, daß um des sicheren Wohles und des angemessenen Respektes wegen wir dies nicht tun können, ohne unsere Würde zu beschädigen.«

Die töten alle venezianischen Söldner bis auf einen. Nur um diesen dann, nachdem er davon genesen, daß man ihm ebenso absichtsvoll wie chirurgisch sauber eine Nase, ein Ohr, eine Hand abgeschnitten und ein Auge ausgeschabt hat, den Venezianern mit besten Grüßen zurückzuschicken.

Davon aber steht nichts in den Archiven der Signoria.

Was uns erhalten geblieben ist, sind Sagen von Kegelspielen. Auf Bergwiesen. Und von geheimen Schätzen. Verwunschenen Bergwerken. Und.

An Stelle eines Essays

WAS VON SAGEN ZU SAGEN

ist, füllt ganze Buchregale. Wir halten uns kürzer.

Und zwar an Angelo Trebo und an Jan Battista Alton. (Sowie an den Folio Verlag, der diesen Band beauftragt hat. Wissend, was er angestellt, damit.)

Angelo Trebo hat, in den 1880er Jahren, das wissen wir aus ihren Büchern, den professionellen »Sagensammlern« Heyl (1897) und Alton (1881) eine ganze Reihe jener Geschichten erzählt, die er als Kind von seiner Mutter erzählt bekommen hatte. Wodurch diese Geschichten auf uns gekommen sind. Bis in diesen Band hier hinein. Angelo Trebo selbst aber wuchs unter sehr einfachen, wenn nicht armen Bedingungen auf. Schaffte es dann an die Schule, und schlußendlich gar an die kakanische Lehrerbildungsanstalt in Bozen. Noch vor Abschluß seiner Studien verstarb er elendiglich, sehr wahrscheinlich an Tuberkulose. Auch die eine Folge ökonomischer Rahmenbedingungen.

In dieser kurzen Zeit hat Angelo Trebo, der seinem Mareo immer eng verbunden war, phasenweise in heftigstem Heimweh, eine ganze Reihe von

Gedichten geschrieben. Zumindest eine Gedichtsammlung scheint verlorengegangen. Unter anderem schrieb Trebo auch Gedichte an die Schwester meines Urgroßvaters Jepele Frontull. Die dieser, insgeheim, der Adressatin auszuhändigen hatte. (Erzählt die Familiensaga.)

Gemeinsam mit Jepele Frontull entstanden dann zwei weitere Werke, von denen hier zu lesen ist/ war, und zwar weil sie sich, anders als die Gedichte, ebenso direkt wie absichtsvoll sowie durchaus auch ins Moderne gewendet, ladinischer Sagenstoffe bedienen.

Mit Angelo Trebo ist einer der frühen ladinischen Schriftsteller (im Sinne von: verschriftlicht) früh verstorben.

Jan Battista Alton hat mir eine Überraschung bereitet.

»Col dĕ Lana fova zacan na mont quĕ spodâ fŭc inscique l Vesuvio e tan' d'atri; an mina quĕ té monts sï i chamins del' infér.« Oder eben: »Der Col di Lana war in früheren Zeiten ein Berg, der Feuer spie wie der Vesuvio und viele andere auch; man nimmt an, solche (Vulkan-)Berge seien der Zugang zur Hölle.«

Hat Alton so geschrieben, im Jahre 1881. ***

Nun hatte ich in meinen Romanen mehrfach die Möglichkeit (und die Absicht), mich vulkanoiden Gebilden und Gegenden zu nähern. Dem Vesuvio

---

*** Giovanni Alton: Proverbi, tradizioni ed anneddoti delle valli ladine orientali. *Wagner, Innsbruck* 1881

eben, sowie, wichtiger, den *campi flegrei*, weil die von den allerältesten meiner Berufskollegen als der Zugang zum Hades beschrieben wurden. Zudem die (erloschenen) Vulkanberge an der griechisch-bulgarischen Grenze, also nahe dem Συνοριακή Διόδος Προμαχών – Κούλατα. Insofern kam mir Altons Col-di-Lana-Vulkan gerade recht.

Es ist aber purer Zufall, daß dem so sein kann.

An der menschenverachtenden Katastrophe am Col di Lana im Laufe des Ersten Weltkrieges nahm nämlich auch mein Großvater Liarchd teil. Daß der Col di Lana der Zugang zur Hölle, wußten die Soldaten beider Seiten. Die Generäle auch, aber denen war es, im fernen Hauptquartier bei Sekt und Nutten, eher egal. (Selbst der Oberstleutnant Musil *** hat es nach kurzer Zeit geschafft, von der Front in die Etappe, und also ins mondäne Bozen, versetzt zu werden. Um dort Propagandatexte zu schreiben.)

Und der junge Liarchd (was auch Leonhard heißt, und eigentlich mein Zweitname) war, am Tag, bevor der Col di Lana in die Luft flog, wie es ein Vulkan nie geschafft hätte, noch oben, am Berg. Und für alle ein Rückzugsverbot. Nur eben für den Feldkuraten nicht. Der also flugs abstieg, vom Col di Lana, als klar wurde: Sie haben gegraben, die Italiener, unter

---

*** *Was den Kollegen Musil betrifft, verweise ich auf meine Erzählung Persen (2022). Dorten bekommt er, und zu Recht, Fett ab. (Es betrifft seinen Aufenthalt im [ihm mehrfach exotischen] Bersentolerischen, und seine daraus folgenden Ausflüsse.)*

uns, sie haben mit Sprengstoff befüllt: Gleich kracht es. Und da ein jeder Feldkurat seinen Pfeifendeckel hat, geht der auch mit hinunter, vom Berg. In die Sicherheit.

Und wer sich in kakanischen Umständen auskennt, weiß, was das ist, der Pfeifendeckel eines Feldkuraten. Unter Umständen eine Tortur. In diesem Falle aber lebensrettend. Und so überlebte Liarchd den sicheren Tod. (Erzählt die Familiensaga.)

Und so lebt hier, in seiner Folge, und in diesem Band einer mehr, der über Vulkanisches schreiben kann. Und die Eingänge zu den Höllen.

Dem Jan Battista Alton (hier schon mal scherzhaft Giuan genannt) haben wir im übrigen einige Geschichten von *Verrückten* (*l mat*) zu verdanken, die nachgerade eine basaglianische Herangehensweise zeigen.

Natürlich verdankt dieser Band noch einigen anderen Büchern sowie einigen Schriftstellerinnen und Schriftstellern einiges.

Erwähnt seien aus gutem Grunde Brunamaria Dal Lago Veneri, die ein Leben lang, unter anderem, im Reich der Fabelwesen arbeitet; und Anita Pichler für die Bergwerksarbeit am Fanes-Stoff. (Was der K. F. Wolff zum Beispiel da [absichtsvoll] verhunzt, haben Anita Pichler sowie Ulrike Kindl, die seit Jahrzehnten wissenschaftlich wie politisch präzise die entsprechenden Verhältnisse beschrieben hat, wieder freigelegt.)

Außerdem bedanke ich mich bei Georg Engl, N. C. Kaser, Franz Josef Noflaner, Luis Stefan Stecher, dafür, daß ich einige ihrer (Vers-)Zeilen hier einmontieren durfte. (Es ist, am End, alles nichts als eine *contaminatio*. Ansonsten alles Nichts.)

Abschließend: Daß der Autor in Zeiten von Pest und Cholera nicht einfach ein paar Wochen in den Obervinschgau fahren konnte, um dort zu atmen und zu schreiben, ist natürlich sehr unglücklich. Und stellte sich anfangs tatsächlich als kleines Handicap heraus. Das, hoffe ich, nicht allzudeutlich mehr ist, in vorliegendem Band. (Es mußten also, ersatzweise, die Archive antreten, zur Arbeit.)

Und: Alle Fehler, Irrtümer, Mißschreibungen gehen alleinig auf meine (Knappen-)Kappe.

Und: Alle Schreibungen, sei es im (unverzichtbaren, und eben nicht aus Gründen der Spatzen) Dialektalen wie im Ladinischen, sind meine, als Schreibungen.

Und: Einige der »Sagen« hier sind von mir total komplett (aus dem Quasi-Nichts) erfunden, haben also keine nachweisbare Wurzel. Sie sind nicht als solche gekennzeichnet. (Schönen Gruß an die akademische Forschung.)

NACHWORT

Caro amico,
ich nehme meinen Kopf unter den Arm wie dein Nörgg und versuche zwei unsinnige Worte über deine bewundernswert sinnigen Sagen zu schreiben. Es ist schwierig, weil dieses dein Buch die Summe alten Wissens ist. Von Kindheitserinnerungen, von Sprachspielen, die von einem wie dir in Szene gesetzt werden, der vom Wundersamen weiß und, indem er vorgibt, nicht daran zu glauben, an es glaubt. Daran zu glauben bedeutet, die Bedeutung dieser Geschichten aus folkloristischer, aber auch aus historischer, geographischer, persönlicher Sicht zu suchen und Ähnlichkeiten zu entdecken, die manchmal nachweisbar, oft nicht nachweisbar sind, es sei denn durch Anklänge (Assonanzen).

Jede deiner Geschichten ist ein Gemälde, würdig gekleidet oder entkleidet durch die Illustrationen von Gino Alberti.

»Spiegel meiner Sehnsüchte«, sagte man früher, und Geschichten sind der Spiegel meiner Sehnsüchte. Ein Versuch, in sie hinein- und aus ihnen herauszugehen, mit der Sehnsucht und dem Schrecken, daß die Sehnsüchte in Erfüllung gehen oder auch nicht.

In deinem Schreiben finde ich das Bewußtsein aller großen Geschichtenerzähler, daß man auch das Fast-Wahre erzählen kann oder muß, indem man, zutiefst, daran glaubt und es dadurch zum Wahren macht.

Erzählen bedeutet, in jene Raum-Zeit-Dimension einzutreten, in der man hundert Jahre lang schlafen und dann aufwachen kann; wo man Mensch und Tier und fantastisches Wesen sein kann; Nixe und Nichte einer Nixe zugleich; Kinder und Enkel der Geschichten unserer Leute.

Erzählen bedeutet, das, was in Wahrheit sehr weit weg ist, in die Nähe zu bringen, oder vielmehr, das Erzählte in der Gegenwart zu verorten. Denn es gibt ein Wo, einen Ort für die Geschichte.

»Die silbernen Trompeten werden ertönen und alles wird sein, wo es einmal war«, heißt es im Poem der Fanes; oder dort, wo »unendliche Räume und unendliche Stille und sehr tiefe Ruhe vorgespielt werden«, während draußen die Welt dröhnt und schmerzt.

Brunamaria Dal Lago Veneri

INDEX, NACH GEGENDEN

Vinschgau
- Laas, Tarnell 73
- Martell 159
- Matsch 149
- Schluderns, Muntatschinig 17
- Stilfs, Trafoi 35

Passeier, Burggrafenamt, Ulten
- Grünsee, Ulten 163
- Jaufenpaß, St. Leonhard 135
- Partschinser Sonnenberg 13
- Rabenstein 83
- Wanns, Wannsertal 7

Überetsch, Unterland, Nonsberg
- Castelfeder, Montan 69
- Karersee, Latemar, Masaré 51, 121
- Laurein, Kaltern 167
- Maderneid, St. Pauls 103

Sarntal, Salten, Ritten, Bozen
- Flaas, Jenesien 111
- Puflatsch, Seiser Alm 45
- Unterinn, Oberinn, Himmelfahrt 55
- Völs 79

Eisacktal
- Mezzaselva, Mittewald 61
- Tagusens, Tanirz 127
- Villanderer Alm 155
- Villnöß 87

Wipptal
- Brenner, Brennerpaß 93
- Hinterthal, Jaufental 131
- Mauls, Trens (Maria) 107
- Pflersch 25

Pustertal
- Gsies, Gsierer Tal 97
- Labiseben, Vals 31
- Prettau 141
- Terenten, Pardell 145

Ladinia
- Al Plan, Fodara Vedla 65
- Calfosch, Kolfuschg 41
- La Pli, Mareo 115
- Mareo, Sennes, Fanes 173

INDEX, NACH SCHLAGWORTEN

Acker, Feld, Heuwiese 57, 61, 99, 108, 111, 134, 151
Adelung 16
Afghanistan 143
Afrika, tiefstes 95, 101
Aguana, Gana 67
Alm 7, 32, 100, 155
Almkoat, das 155
Amerika, Die Amerikas, le 'Meriche 118, 141, 147
Anathema, ἀνάθεμαι, Bannfluch, Fluch 33, 51, 84, 143
Angelo Trebo 117, 179
Anita Pichler 68, 182
Antrischen, die 141
August Goethe, Sohn 95
Autobahn, Zivilisation 96, 127
Bach, Gebirgsbach, Fluß, reißender 14, 25, 130, 137
Basaglia, il 182
Bauer, Großbauer, Kleinbauer, Habenichts 11, 47, 51, 57, 61, 79, 97, 111, 117, 128, 131, 156
Baum, Bäume, Wald 51, 57, 90, 145, 151
Beda Weber 21, 105
Befana, die 94
Berg, Gebirg, Gipfel, Felsentürme 7, 14, 32, 89, 94, 107, 112, 135, 143
Bergwerk, Bergbau, Stollen 16, 26, 107, 137, 141, 155, 178
Billie Holiday 166

Blitz, Donner, Hagel 32, 52, 72, 109, 123, 172
Bozen, Botzen, Bautzen 20, 105, 160, 181
Bregostana, die 65
Brennergeist, der 93
Brunamaria Dal Lago Veneri 67, 182, 184
Burg, Schloß, Ruine 71, 115, 137, 152
Col di Lana 180
Dichter, der 22, 114
Drache 17, 21
Edelstein, Elfenbein 53, 80, 125
Elefanten, Hannibal 94
Erster Weltkrieg, (auch, irrtüml.: Großer Krieg) 35, 181
Etsch, Etschdamm 71, 75
Eyrs 75
Fabrik 61
Fai, Fee 135
Fanes 68, 175, 182
Fodara Vedla 65
Franz Josef Noflaner 129, 183
Galle, Gallenkolik 80
Gebrüder Grimm 16
Geist, Gespenst, Verfluchter 21, 27, 33, 76, 93, 112, 157
Genova, Genua, Genueser 55, 127
Georg Binta Jörg Engl 146, 183
Gerichtsbarkeit, Gericht, Jüngstes G. 57, 112

Geschichten, Geschichtenerzähler 22, 41, 109, 133
Gesinge, Gesang 28, 67, 76, 96, 123, 137, 166
Gewerkschaft, Kommunistenpack 143
Giustiniano Mauroceno 175
Gomagoi 36
Gossensaß 25
Grab, Grabschänderei, Familiengruft 104, 128, 160
Gspeller Berg 85
Harmelen, Hermeline 9
Hatzes, der 133
Herd, und kochen 64, 138, 143
Herr von Dis und Pretzo 62
Hexer, Hexe, Hexenkessel 47, 51, 52, 115, 121, 133, 169
Hirte 31, 94
Hof, Bauernhof, Bergbauernhof 41, 57, 79, 99, 117, 128, 131
Hölle 38, 83, 96
Hubert Mumelter 105
Hund, Hofhund, Höllenhund 43, 63
Hunger, Durst 42, 49, 81, 96, 129, 141, 160
Hut 37, 75
Italien, italienisch, welsch 38, 51, 55, 95, 104
Jan Battista Alton 4, 41, 119, 179
Jaufen, Jaufenburg, Jaufental, Jaufenspitz 7, 133, 135
Jepele Frontull 119, 147, 180
Jerusalem 138
Joch, Paß 7, 38, 91, 93, 131, 135

Jungfrau 37, 172
Kapelle, Kapellanin 58, 81
Karl Felix Wolff 47, 182
Kartatsch 17
Kegel, kegeln, Kegelspiel 89, 173
Kellnerin 45
Klaamandeln, die 107
Klingonisch 124
Knecht 128, 131, 149
Kreuzberg, Berlin 75
Krieg, manchmal Frieden 35, 51, 96, 175, 181
Kühe, Kälber, Ochsen 10, 17, 19, 27, 31, 87, 97, 131, 159
Laas 75, 77
ladinisch, rätoromanisch, badiot 42, 65, 119, 147, 175, 180
Latemar 51, 123
Laurein 167
La Val 119
Le ćiastel dles stries 115
Liachtawerg (Lichtenberg) 19
Lomberda, die 51
Lorgg, der 35
Luis Stefan Stecher 38, 183
Malan, Orco 115, 119
Mareo (Enneberg) 115, 173, 179
Markstein, Grenzstein 84, 111
Martell 55, 159
Martin Buber und Franz Rosenzweig (1.Mo 1:2) 13
Masaré 51, 121
Matsch, Matscher Raubritter 17, 149

Mensch, Menschen 9, 68, 135, 155
Milch, Käse 10, 31, 76, 129
Molta, und Moltina 68
Morgenland 53, 80, 127, 159
Moritat, die 96
Moskau 69
Muntatschinig 17
Murmeltiere 67
n.c. kaser 105, 114, 183
Neumond, Vollmond, la löna 49, 83, 86, 120, 134
Nixe (vom Karersee, vom Grünsee) 51, 121, 163
Nörgg, der 7
Odles, Geißler 87
Orco, der 115
Ordnung, Unordnung, Chaos 75, 85, 177
Ortnott 16
Ötsch 7
Ötzi, Mumie vom Hauslabjoch 94
Ounsberg, Nonsberg, Val di Non 169
Palermo 127
Passeier, Passeirer 7, 83, 133
Pest, Cholera, Pandemie, Tisl (la tisi, Lungentuberkulose) 55, 127, 159, 179, 183
Pferd 138, 152
Pilze 47
Plantavilas 16
Prinzessin, Königin, Fürst 51, 100, 113, 148
Purzinigele, das 13
Pütia, Peitlerkofel 91

Quarantena e Lazzaretti 55
Rabenstein 9, 83
Regenbogen 53
Reim, Lied, Gedicht 11, 28, 38, 59, 63, 67, 68, 76, 86, 96, 100, 109, 114, 119, 129, 146, 156, 166
Revolte 123
Riese 21, 26, 87, 97
Robert Musil 35, 181
Rosengarten 51
Salvans, Selvans 65
Sarg, Grab, Grabschänderei 37, 104
Sarjëi 65
Sas dla Crusc, Kreuzkofel 17, 44
Schafe, Ziegen, Geißen 10, 17, 87, 131, 135
Schatz, Münzen, Geld, Gold, Silber 14, 21, 26, 49, 71, 91, 115, 128, 155, 178
Schgumser Putz, der 73
Schluderns 16, 17
Schnabelmenschen, die 97
Schnee 9, 114, 145
Schwein, Speck, Hamme 41, 76, 86
See, Bad, baden, Übelsee 14, 51, 85, 155
Seres 91
Söldner 143, 175
Söles 19
Stadtleben, bürgerliches 45, 85
Steuern, landesfürstliche 170

Stigmatisierte Jungfrau von
   Mörl 172
St. Pauls, Paulser 27, 167
Strafe, (immer) gerechte 33,
   84, 155
Sümpfe, mal aria 7, 15, 21, 22,
   75, 141
Tagusens 127
Tal, im T. unten, draußen 7,
   15, 85, 135, 147
Tarnell 73
Todtenthomas, der 160
Tohuwabohu, תהו ובהו 13
Trafoier, T. Eiswand 36
Tramin, Traminer 167
Trump, Berlusconi, Cäsar,
   Putin 94, 142
Tschengls 75
Ulrike Kindl 182
Ungeheuer, Höllenhund 62
Unsinn (treiben) 9, 47
Untertschutsch 128
Val Badia, Badioten 19, 41
Vals, Labiseben 31

Venezia, Venedig 55, 175
Vesuv, vulkanisch, campi
   flegrei 69, 181
Villnöß 87
Vinschgau, Vinschgauer,
   Obervinschgauer 19, 75,
   159, 183
Wechselwiesen 111
Wein, rot, weiß, Leps,
   Lagrein, Weinbauer 20,
   27, 45, 58, 103, 167
Wette 48, 151
Wetter, Gewitter, Gewitter-
   sturm 31, 51, 108, 113, 171
Wilde Fahrt, die 35, 77, 124,
   129, 152
Winter 9, 62, 145
Wirtshaus, Wirtshausgänger,
   Wirt 11, 20, 27, 36, 37, 42,
   47, 58, 169
Yoga 95
Zaubastuan, Zauberstein 28
Zehenlose, sinepollices 95

Gedruckt mit freundlicher Unterstützung der Abteilung
Deutsche Kultur der Autonomen Provinz Bozen – Südtirol

Zitate auf den Seiten 68, 114, 129, 146 mit freundlicher
Genehmigung des Haymon Verlags und des Skarabäus Verlags
in der Studien Verlag Ges.m.b.H., Innsbruck.

© Folio Verlag, Wien – Bozen, 2021
Lektorat: Joe Rabl
Grafikkonzept: no.parking, Vicenza
Satz und Druckvorstufe: Typoplus, Frangart
Printed in Europe

ISBN 978-3-85256-838-6
E-Book ISBN 978-3-99037-117-6

www.folioverlag.com

Der Autor

Kurt Lanthaler, geboren 1960 in Bozen, lebt seit 1987 als freier Schriftsteller in Berlin. Schreibt Erzählungen, Romane, Lyrik, Hörspiele, Libretti und Theaterstücke. Erfinder der erfolgreichen Tschonnie-Tschenett-Krimis. Übersetzungen aus dem Italienischen.

Der Illustrator

Gino Alberti, geboren 1962, lebt als freischaffender Künstler, Grafiker und Illustrator in Bruneck und in Wien. Zahlreiche Auszeichnungen, seine Bücher sind in 17 Ländern erschienen.